"中国劳模"系列丛书

U0734728

中国劳模

坚守机床装备的"技术达人"徐新武

李洋洋◎著

吉林出版集团股份有限公司
全国百佳图书出版单位

图书在版编目（CIP）数据

坚守机床装备的"技术达人"：徐新武 / 李洋洋著
-- 长春：吉林出版集团股份有限公司，2024.3
（"中国劳模"系列丛书 / 徐强主编）
ISBN 978-7-5731-4131-6

Ⅰ.①坚… Ⅱ.①李… Ⅲ.①徐新武 - 传记 Ⅳ.
①K826.16

中国国家版本馆CIP数据核字(2023)第159072号

JIANSHOU JICHUANG ZHUANGBEI DE "JISHU DAREN"：XU XINWU
坚守机床装备的"技术达人"：徐新武

出 版 人　于　强
主　　编　徐　强
著　　者　李洋洋
组稿统筹　东北师范大学文学院创意写作研究中心
责任编辑　李　鑫
装帧设计　崔成威

出　　版　吉林出版集团股份有限公司
发　　行　吉林出版集团社科图书有限公司
地　　址　吉林省长春市南关区福祉大路5788号　邮编：130118
印　　刷　唐山富达印务有限公司
电　　话　0431-81629711（总编办）
抖 音 号　吉林出版集团社科图书有限公司　37009026326

开　　本　710 mm×1000 mm　1／16
印　　张　8
字　　数　85 千字
版　　次　2024 年 3 月第 1 版
印　　次　2024 年 3 月第 1 次印刷

书　　号　ISBN 978-7-5731-4131-6
定　　价　45.00 元

如有印装质量问题，请与市场营销中心联系调换。0431-81629729

序　言

　　劳动创造财富，劳动创造幸福，劳动创造未来。习近平总书记在2020年全国劳动模范和先进工作者表彰大会上的讲话中指出："全社会要崇尚劳动、见贤思齐，加大对劳动模范和先进工作者的宣传力度，讲好劳模故事、讲好劳动故事、讲好工匠故事，弘扬劳动最光荣、劳动最崇高、劳动最伟大、劳动最美丽的社会风尚。"当今世界，综合国力的竞争归根到底是科技人才和高素质劳动者的竞争。改革开放以来，我们强大的工人队伍用辛勤劳动和拼搏奉献推动中国制造、中国智造、中国创造走向世界的前列，新时代的中国面貌日新月异。大力弘扬劳模精神、劳动精神、工匠精神，加强高素质技能人才队伍建设，打造一支宏大的知识型、技能型、创新型劳动者队伍是伟大时代赋予我们的历史责任。

　　劳动模范是民族的精英、人民的楷模，是共和国的功臣。自改革开放以来，广大职工勇立改革潮头，独立自主，奋发图强，勇于创新，其中涌现出一批批全国劳模和大国工匠，他们参与建设了代表中国高度、中国速度、中国深度的一系列重大工程，提升了国家实力，打造了"中国名片"，树立了"中国品牌"，增添了"中国力量"，充分释放出工人阶级的创新活力，展示出大国工匠强大的创造能力。他们以工人阶级的满腔热忱在各自平凡的工作岗位上创造了辉煌的业绩，书写了新时代的壮丽篇章。

爱岗敬业、争创一流、艰苦奋斗、勇于创新、淡泊名利、甘于奉献的劳模精神，崇尚劳动、热爱劳动、辛勤劳动、诚实劳动的劳动精神和执着专注、精益求精、一丝不苟、追求卓越的工匠精神，是广大劳动群众在社会生产实践中锤炼形成的弥足珍贵的精神财富，是工人阶级伟大品格的具体体现，是民族精神和时代精神的生动体现。民族复兴需要劳动模范，祖国强盛需要大国工匠，中国制造、中国智造、中国创造更需要大国工匠的强有力支撑。劳模、工匠等的成长故事、先进事迹中承载的劳模精神、劳动精神和工匠精神，是激励全国各族人民团结奋斗、勇往直前的强大精神力量。

"中国劳模"系列丛书，采用图文结合的方式，讲述全国劳模、大国工匠和先进工作者的成长经历及他们追梦、筑梦、圆梦的故事，用他们在平凡岗位上创造不平凡业绩的真实故事感染读者，形成劳动最光荣、劳动最崇高、劳动最伟大、劳动最美丽的社会风尚，引导广大技术工人和青少年形成劳动光荣、技能宝贵、创造伟大的观念。

"匠心筑梦，强国有我。"新时代是一个万象更新、生机勃勃的时代，也是一个继往开来、创新创业和建功立业的大时代。希望广大读者能以劳动模范为榜样，以大国工匠为楷模，立志技能报国、技术强国，踔厉奋发，勇毅前行，锤炼思想品格，汲取劳动智慧，勇于担当、勤于钻研、甘于奉献，为推进新型工业化和乡村振兴，为加快建设制造强国、质量强国、航天强国、交通强国、网络强国、数字中国、农业强国，全面建设社会主义现代化国家贡献青春力量。

中华全国总工会副主席（兼）

中国航天科技集团有限公司第一研究院

211厂14车间高凤林班组组长

2022年11月

传主简介

　　徐 新 武，
1970年生，陕西
汉中人，中共党
员，全国劳动模
范。1991年参加
工作，现任山东
蒂德精密机床有
限公司首席技师
和功能部件实验
室主任。徐新武
专注于数控机床装配领域30多年，凭借精湛的生
产技术和开拓创新、持之以恒的工匠精神，成为
国内精密机床制造的"技术达人"，荣获"全国
技术能手""全国劳动模范"等30多项荣誉。

1991至2010年间，徐新武先后从事过卧式镗床、数控铣床、立式加工中心[1]、龙门式加工中心[2]、卧式加工中心[3]等各类机床的装配工作，参与过公司数十种数控机床新产品的试制工作。

1991年至2002年，徐新武多次被汉川机床厂评选为"优秀团员""杰出青年""质量信得过工作者"。

2002年，徐新武担任数控铣工段的段长。

2004年至2012年连续多年被汉川机床集团评为"优秀共产党员"和年度"优秀员工"。

---

[1]立式加工中心是指主轴为垂直状态的加工中心。其结构形式多为固定立柱，工作台为长方形，无分度回转功能，适合加工盘、套、板类零件，它一般具有两个直线运动坐标轴，并在工作台上安装一个沿水平轴旋转的回转台，用以加工螺旋线类零件。

[2]龙门式加工中心的形状与数控龙门铣床相似。龙门式加工中心主轴多为垂直设置，除自动换刀装置以外，还带有可更换的主轴头附件，数控装置的功能也较齐全，能够一机多用，尤其适用于加工大型工件和形状复杂的工件。

[3]卧式加工中心指主轴为水平状态的加工中心。卧式加工中心通常都带有自动分度的回转工作台，它一般具有3—5个运动坐标，常见的是三个直线运动坐标加一个回转运动坐标，工件在一次装卡后，完成除安装面和顶面以外的其余四个表面的加工，它最适合加上箱体类零件。与立式加工中心相比较，卧式加工中心加工时排屑容易，对加工有利，但结构复杂，价格较高。

2006年，徐新武被汉川机床集团有限公司评选为劳动模范。

2008年，徐新武获得全国五一劳动奖章。

2009至2010年，徐新武独创扭矩测量装配法，使公司龙门式加工中心、卧式加工中心产品逐步形成规模化生产。

2010年，徐新武被评为全国劳动模范。

2018年，徐新武负责的RY-GB8550BF5[1]桥式五轴联动龙门机床圆满完成装配，该机床参加中国国际机床展，获得中国数控行业最高奖"春燕奖"[2]。

2019年被评为"齐鲁大工匠"。

2021年，被授予"全国技术能手"称号。

2022年，被山东省委、省政府授予"泰山产业领军人才"（技能类）。

2023年，被济宁市委、市政府授予"科技创新拔尖人才"。

---

[1] RY-GB8550BF5是一款高精密、高效能桥式五轴加工中心，拥有最佳的综合加工效率、加工精度和表面加工质量。

[2] "春燕奖"是机床工具行业最具权威性的奖项之一，得到了业界高度重视和公众的认可。该奖项的评选也为国产数控机床搭建了一个精品、新品展示的平台。

2023年，被山东省公示确定为享受"国务院特殊津贴"和"国家级技能大师工作室领办人"人选。

2019年，徐新武先后创建了劳模工作室、徐新武技能大师工作室、齐鲁大工匠创新工作室。

徐新武总结的工匠箴言被《中国劳模工匠箴言》[1]收录。

---

[1]《中国劳模工匠箴言》由光明日报出版社出版，由中宣部、中央党校、发改委、文旅部、中国社科院、北大、清华等单位的权威专家组成编撰顾问委员会共同编辑。该书选取365名全国劳模和大国工匠具有系统性、创新性、实用性的精华隽语，按照日历的方式进行细致分类，辑录了1600余条箴言；既实现了作为弘扬劳模工匠精神特色读本的作用，又可以发挥日历的基本功能，推动实现劳模工匠精神的大众化、时代化、生活化。

目　录

第一章　小小的能工巧匠　// 001
勤朴忠厚的家风　// 003
老徐和小徐　// 006

第二章　梦想成为一名工人　// 009
小小的能工巧匠　// 011
当青春期遇上"青春期"　// 014
选择成为一名工人　// 016
要当最出色的技术工人　// 018

第三章　干一行，专一行　// 023
做技工，要啃难啃的硬茬　// 025
两位师傅　// 026
99%以上的合格率　// 031

第四章　幸福的三口之家　// 033
小徐师傅和小王　// 035
走入婚姻殿堂　// 036
三口之家　// 038

第五章	专家型工人的成长之路 // 043

"有困难，找徐新武" // 045

车间里的"饿狼小组" // 047

机械工人中的"状元郎" // 050

第六章	实力铸就尊严 // 055

让中国机床走向世界 // 057

"一方有难，八方支援" // 065

第七章	劳模的责任与担当 // 067

劳模的领奖之路 // 069

"劳动，创造美好生活" // 072

新起点，新的使命担当 // 075

第八章	让匠心成为习惯 // 077

"换个地方接着干" // 079

"不用别人的昨天，来装扮自己的明天" // 080

第九章	"机床人只有拼出来的精彩" // 085

"抠门"的徐新武 // 087

为机床附件行业开辟新赛道 // 090

徐新武团队最具代表性的五项成就 // 094

第十章	劳模的两个心愿 // 101

徐新武的奋斗箴言 // 103

两个心愿 // 106

第一章　小小的能工巧匠

勤朴忠厚的家风

　　1970年元旦刚过，陕西省汉中地区的老徐家还来不及将去年的日历撕掉，一个新生命便迫不及待降生在这个其乐融融的大家庭。1月2日，徐新武用强劲的哭声向小小的村庄宣布了自己的到来。暗黄的煤油灯下，襁褓中的徐新武玩弄着自己的一双小手。只是人们没有想到，当初这个襁褓中的婴儿会在若干年后制造偌大的机床，操控精密的数控仪器，用他的方式走出村庄，走出中国，走向世界。

　　汉中市坐落在陕西省南部，是长江第一大支流汉江的源头所在地，有着极其重要的地理位置。自古以来，汉中就是一块兵家必争之地，周昭王南下伐荆楚卒于汉中，刘邦以汉中为根据地，北伐而获得天下，汉朝的"汉"，汉族的"汉"，都与汉中有关。徐新武生长在这片土地上，从小听着古今的英雄故事，了解了民族的起兴波澜，他对于祖国和民族有着自己深沉而独特的感受。徐新武从事机床装配工作三十余年以来，站在祖国的角度上，他不忘本，能省则省，能优则优；站在民族的角度上，他不服输："别人能做的，我们也能做。"如果要为这些信念寻找一个最初的源头，务必要落在这块土地和他的家庭上。

徐新武生在一个勤劳简朴的农村家庭，一大家子人生活在一起，这让徐新武的童年过得简单而又快乐。徐新武家里有爷爷、奶奶、姑姑、爸爸、妈妈，还有他们兄妹五个，徐新武在家中排行老四。徐新武小的时候，清贫的家里物资紧缺，吃不饱穿不暖是常有的事，一件衣服老大穿完老二穿，缝缝补补老三、老四继续穿；一碗米饭大家总是互相谦让着吃，哪怕肚子咕咕叫嘴上也不喊饿。清贫的家里却总是笑声朗朗，勤劳乐观的一家人守在一起，多艰难也是快乐的。

爷爷奶奶年老体迈，子女们少不更事，徐新武的父母扛着生活的巨大压力前行着。徐新武的父亲是一名老革命，转业后在地方政府工作，计划经济时期，他被调入区供销社，常常在外奔波忙碌，不得不将照顾一家老小的重担留给母亲。徐新武的母亲是一位普通的农村妇女，早年进过扫盲班，识字不多，但她用弱小的身躯艰难地撑起了一个家。

虽然母亲能教给徐新武的知识有限，但她坚强善良的品格却在无形中影响着徐新武。徐新武的父亲常年不在家，徐新武的母亲恨不得将自己掰成三瓣来使。早上干活前她要做好一家的早饭，给牲口添好草料，晚上劳作完还要照顾老人和教导孩子，每天披星戴月，才能撑起一家人的四季三餐。晚风习习，一家人守在暗黄的灯光下面，就着粗茶淡饭，聊着家长里短。儿女绕膝，高堂在侧，也许就是这样的烟火洗涤了母亲的辛苦和疲惫，让她数十年如一日地坚持了下来。最终，照顾孩子长大成人，侍奉公婆寿终正寝，一个家因为有了她的经营，才在生活的正轨上有序

⊙ 1992年春节，徐新武（后排左二）的全家福

地前行着。

徐新武父母都尽力给了几个孩子最好的教育，他们的婚姻模式也让徐新武思考良多。多年后，当妻子决定为了徐新武退居二线，全心全意照顾家庭的时候，他有说不出来的感恩。中国母亲的默默奉献精神在徐新武母亲身上体现得淋漓尽致，勤朴的母亲，忠厚的父亲，这样的家庭，养育出一个"劳动模范"，也就不足为奇了。

老徐和小徐

由于父亲工作的原因，徐新武三岁时便跟着父亲。父亲每日骑着二八大杠（带横梁的老式自行车，为当时的主要交通工具），走街串巷地落实统购统销计划。对于徐新武来说，相对于母亲的沉默无语，父亲的教导来得更直接一些。父亲的经历更丰富，他对于国家爱得更深沉，对徐新武的期待便更高，也就更严格。

徐新武的父亲十四岁时便被国民党带到四川参加抗日战争。战场上，徐新武的父亲看着身边的战友一个个倒下，眼见着领土被践踏，同胞被欺凌，民族意识由此在他的心中生发。多年后他教育儿女，着重向他们强调民族强大的重要性，这都是源于他曾参加过抗日战争的经历。1948年，怀着对国家民族的赤诚，徐新武的父亲秘密加入了中国共产党。对于中国共产党，徐新武的父亲满怀感恩之心，从徐新武很小的时候就教导他："没有共产党，就没有今天我们这一大家子人，是共产党给了我们家庭，给了我们生活。"爱党的信念在年幼的徐新武心中生根发芽，直到后来他自己成为一名共产党员，将所有的信念与期待一一传承下来。

1952年，父亲转业到地方政府工作，后被调入商业系统，在区供销社负责全区人民的生活商品和生产资料的统购统销工作。在这个岗位上，父亲风里来雨里去，日复一日地坚持着。

徐新武出生之时正值父亲工作繁忙之际，父亲每日奔波忙碌，很少能抽出空回家。也许是为了减轻妻子的负担，也许是父亲偏爱这个聪明伶俐的孩子，从徐新武三岁时便将他带在自己身边。父亲的二八大杠成了徐新武童年里最重要的记忆，老徐骑在前面，小徐坐在后面，穿梭在汉中的大街小巷。有时候，小徐已在后面昏昏欲睡，老徐却还在前面计算着某一件商品的所需数量。逢天下雨，小徐躲在老徐的雨衣里面，头靠着父亲宽阔而坚实的脊背。

就这样，老徐带着小徐，日复一日，他们成了最固定的拍档，每天形影不离，分开了谁都觉得不习惯。一个春雨天，父亲接到电话要下乡落实化肥的统购包销事宜，虽是春雨，却也下得急，雨丝如一根根细线，密密麻麻地铺满了大地。父亲想到这种天气之下二八大杠在乡间小路上七拐八绕不安全，又担心徐新武瘦弱的身体淋雨会感冒，便将他放在好友老李家。老徐一个人骑着车子，渐渐地远去，小徐站在李叔家门口，一动不动地目送着父亲。就在父亲要拐弯离开徐新武视线的那一刻，小徐站在屋檐下哭了起来："爸爸，爸爸，你等等我，你不带我去我再也不叫你爸爸了，我叫你老徐。"一席话惹得周围的人哄堂大笑，这一幕，也成为老徐和小徐的经典画面，多年来一直被亲戚朋友当作笑料调侃着。

多年后，徐新武回忆起自己的童年时光，总会想到父亲的背影，在风中，在雨中。那是父亲对工作的负责，对使命的担当。父亲的精神感召着徐新武，时常提醒他要兢兢业业，勤勤恳恳。

父亲在统购统销的岗位上坚守数十年，带着年少的孩子在外漂泊，留下柔弱的妻子独自顾家，这一切都源于他"舍小家，顾大家"的敬业精神、"爱党，爱祖国"的感恩情怀。父亲用一生的实际行动诠释了一名基层共产党员对国家的忠诚和热爱，也用一生的实际行动言传身教，教会了徐新武爱岗敬业、为祖国效力。最终，老徐和小徐实现了"对党忠诚、积极工作"的完美接力，这是老徐家两代人的接力，更是两辈人的传承。

第二章　梦想成为一名工人

小小的能工巧匠

徐新武的童年与众多"70后"的童年相似：天高海阔的大自然，无处不在的"游乐场"，无拘无束的野孩子……稍微有点不一样的，就是徐新武在小时候便表现出超强的天赋，凭借着自己的玩具"复刻"能力、游戏的创新能力，徐新武成了当之无愧的孩子王。

回忆起自己的童年，徐新武总是忍俊不禁。没钱买玩具，他就想方设法地制造玩具；缺少原材料，他就偷拆家里的家具。作为家里的老四，徐新武备受疼爱，这也养成了他调皮捣蛋、天不怕地不怕的性格。有一次，徐新武在供销社看到一把玩具枪，他站在货柜边上摸来摸去、爱不释手。可一看价格，徐新武傻了眼，父母根本不可能给他买这样价格"高昂"的玩具。于是，他悻悻地走回家，可心里却一直记挂着玩具枪。这时，他瞄到墙角一段生了锈的自行车链条，想起之前看到有人用车链条做过一把车链火柴枪。他仔细回想"枪"的细节，又凭借记忆搜寻做"枪"的材料：铁丝、皮筋、火柴……终于，三天后，他有模有样地命令玩伴："不许动，举起手来！"孩子们看着徐新武的"手枪"，纷纷投来羡慕的目光。

在徐新武小时候，滚铁环是男孩子最爱玩的游戏之一，比自己大的孩子几乎人手一个铁环在村口比赛，徐新武也想要加入他们的队伍，可家里没有合适的铁片或铁皮做铁环，他就趸摸着把家里箍水桶上的铁圈拆掉，在砂轮上打磨，再把院子里晾衣服的铁丝剪断，弯成五个铁圈套进去，制成了一个独一无二的铁环。做完了铁环，还要制作推着铁环走的长柄。长柄分成两部分：钩住铁环的弯钩子和拿在手里的手柄。两部分衔接紧实，才能保证滚铁环时不"掉链子"。徐新武继续站在院子里寻找着合适的原材料，扁担上的挂钩可以做成弯钩子，手柄并不一定非要铁来制作，他找了一根竹竿，用母亲做鞋的废布条将扁担上的挂钩绑在竹竿上，就这样，一个独特的铁环制作完成。难得的是，徐新武至今还记得那个铁环的尺寸——五个铁圈直径15厘米，弯钩长8厘米。制作之前他就想清楚了，五个铁圈要大小一致才能保证铁环滚起来的时候平稳顺畅，弯钩子不能太大也不能太小，才能很好地控制铁环的速度和方向。优秀工匠的精密细致，在小时候的玩乐中就已经展现出来。

徐新武说："男孩子调皮捣蛋的事情啊，我是一样不落。"为了找原材料做玩具，徐新武把家里没用完的牙膏挤掉；与玩伴们钻垃圾堆，找糖果纸、烟盒、药盒，再把它们加工成坦克、飞机、汽车……当然，他也到河塘里摸鱼，去房檐下掏鸟窝，去林子间捅马蜂窝，为了打弹珠偷跳棋子……面对徐新武的这些贪玩行为，父亲却分得很清楚：偷了东西要挨打，浪费东西要受罚。但是每当看到徐新武自己制造的玩具时，父亲也会笑赞道："四娃行，会想办法。"正是这样的夸奖，成为最初的鼓励，让徐新武对"技艺"有了初步的感知。

　　说到对机械设备的兴趣与探索，还要追溯到徐新武十二岁时开拖拉机的一次经历。1982年，徐新武的大哥成了生产队的拖拉机手，负责整个大队的运输任务。有时候任务重，大哥顾不上回家吃饭，徐新武负责给大哥送饭。好奇心重的徐新武早就对大哥开的拖拉机"虎视眈眈"，可一直找不到机会上手。有一天，大哥急着吃饭忘记了给拖拉机熄火，终于让贪玩的徐新武钻了空子。他坐上拖拉机，学着大哥的模样，踩离合、挂挡，拖拉机竟然真的开动了！徐新武惊奇极了，他没想到自己也可以操作这样的庞然大物，没想到自己也能开拖拉机！随着拖拉机缓缓移动，徐新武的心怦怦跳个不停。他数着车轱辘，一圈、两圈……拖拉机一直驶出了十多米远，这时，低头吃饭的大哥才发现拖拉机被开走了，于是放下碗筷赶紧追了上来，他一边将拖拉机停下来，一边呵斥徐新武："你不要命了，还是皮痒痒了？这是你能开的吗？"大哥的训斥声很大，可徐新武却仍然沉醉在开拖拉机的兴奋之中。他，十二岁的他，居然也可以驾驭一辆比自己大出许多倍的拖拉机！原来，人真的有如此巨大的能量；原来，双手真的可以改变世界！

　　训斥归训斥，看到弟弟对拖拉机如此感兴趣，大哥便常常带着徐新武装车、送货，给他讲解车子的部件、工作原理……这开启了徐新武对机械设备探索的生涯。而大哥驾驶的这台拖拉机也在指引着徐新武向着更广阔的天地奔去。那里更大更复杂的机械设备等待着他去了解、去探索、去创造去改变。路途漫漫，谁也没有想到，儿时坐在拖拉机上的贪玩小子，日后会成为走向世界的蓝领工匠。

当青春期遇上"青春期"

20世纪80年代留存着很多人心中最美好的记忆：开放，包容，到处洋溢着青春、自由的气息。在改革开放的浪潮之下，中国大地焕发出勃勃生机。

1985年，徐新武小学毕业，他以优异的成绩考入了汉中龙江中学。龙江中学是当地一所久负盛名的老牌学校，很多行业的精英都曾在这里求学，为汉中经济发展做出了很大的贡献。学校坐落在繁华的龙江街道，周边门店林立，人来人往。正值青春期的孩子们，常常看着课堂上的老师心不在焉，徐新武就是其中的一个。

徐新武的求学生涯并不是一帆风顺的。一年级时，他得了不明原因的小儿麻痹症，腿脚不能动弹，走不了路，不得不休学回家治疗。虽然半年后徐新武康复了，但那一次生病，也让他认识到了学习生活的可贵。复学后，徐新武格外珍惜得来不易的学习机会，一门心思扑在学习上，每日勤勉用功，功夫不负有心人，徐新武的成绩一直名列前茅。二年级加入中国少年先锋队，三年级拿到全区数学竞赛三等奖，当过班长，当过学习委员，踊跃参加学校里的各种活动，全然一副"别人家孩子"的模样。可就是这样一个优秀的孩子，却在初中时走了一段迷途。

徐新武在上学放学的路上，每天都能听到龙江街道上播放着《上海滩》《铁血丹心》等香港流行歌曲。他常常驻足在播放歌曲的录音机边上，忘记了上课的时间。甚至有几次，他竟然痴迷地跟着播放音乐的自行车走了起来，全然忘记了学校的方向。

除了音乐，徐新武还沉醉在一系列的英雄电影电视剧中。《少林寺》《大侠霍元甲》等电影电视剧他百看不厌，看着电视上的武林高手，也梦想着能成为一代大侠。他每天早上在学校门口遇到同学，不比画几下，都没办法展示自己昨天增长的功力；不喊两声哼哈，好像落伍了似的。

浑浑噩噩的时间过得格外地快，一转眼，徐新武的两年初中就要结束了。曾经的三好少年，很快就在时代的大潮当中迷失了自己。他将学习成绩抛在脑后，只顾拿着笔记本，把大街上听到的歌词默写下来。他想方设法地省一点零花钱，买剧照的贴片，买明星的墙纸，装饰着自己的歌词本和小房间。

由于徐新武的父母都很忙，因而疏于对他的监管，若非老师召开家长会，他的父母亲仍然被蒙在鼓里，以为徐新武还是那个优秀的四娃，让人省心的四娃。一向有耐心的父亲看到徐新武的成绩单后，恼火至极地把他揍了一顿。徐新武虽然满心不服，但他还是意识到了事情的严重性。

父亲告诉徐新武："当年我们吃不饱穿不暖，也想好好读书出人头地，可是条件不允许。如今条件好了，我们把你送到学校里念书，你却浪费光阴。我如今虽说有份工作，但很多地方都不懂不会，仍然在不断学习。你妈妈识字不多，吃了很多没文化的亏。该学习的时候不学习，以后能干什么呢？将来拿什么安身立命！"徐新武低着头站在墙角，听着父亲的训斥，那一字一句都落在了他的心里，激发着他，感染着他。徐新武听进去了，他为自己这两年的行为感到非常后悔和自责，痛定思痛后，他迷途知返。如今的徐新武总是跟他的徒弟强调："好学不怕根基浅，只要迈步就不迟。"大抵就是感悟于自己这段荒唐的少年事吧！

这件事过后，父亲决定将徐新武转到离自己单位不远的褒河中学，好好监管，不能再让他放任自流。徐新武也下定决心痛改前非。

选择成为一名工人

20世纪80年代对于我国的工业发展来说，是一个腾飞的年代。这个年代是属于制造业的时代，一座座工厂从无到有，一批批工人建立起来，生产力飞速发展，社会日新月异。整个工业领域开足马力搞建设，全国各地都争先恐后地办企业、搞技术、抓生产。就在中国工业腾飞的关头，徐新武也迎来了人生中的第一个十字路口。转学到褒河中学后，徐新武奋发图强，勤奋学习，很快便迎头赶上，又重新成为那个优秀懂事的好孩子。初中毕业之际，有两条路摆在徐新武的面前，一是读高中考大学，二是念技校当工人。

毕业前，班主任问徐新武："你的梦想是什么？"徐新武毫不犹豫地回答："我想成为一名工人。"当时，能进工厂工作就意味着端上了"铁饭碗"，成为工人是很多孩子的梦想，徐新武也不例外。能为祖国的建设添砖加瓦，别提有多光荣了！

毕业后，徐新武去过一次二哥工作的工厂，在厂门外就听到喇叭里播放着《咱们工人有力量》，铿锵有力的歌声整齐划一，像是专门为了欢迎徐新武而播放的。他跟着二哥在车间里参观，看到熊熊的炉火，听到隆隆的机器声，目睹一块块火红的钢锭在工人手中转化为产品……对于眼前的一切，徐新武好奇极了。原来，人类的双手有如此奇妙的力量，一件产品从无到有，从原始状态到精密部件，就这样在工人的手中完成了。他站在大块头机器面前流连忘返，摸着新出炉的产品若有所思。徐新武又恳求二哥又带他参观机加工车间、热处理车间、装配车间等各大生产车间。站在工厂里，看着眼前的各种机器，徐新武的心中向往至极。

这两段记忆成了徐新武对工人的最初感知，而对于各样的机器，他早就产生了浓厚的兴趣，选择成为一名技术工人，也就顺理成章了。当徐新武告诉父亲自己的决定时，父亲并未多言，只说了一句："既然选择成为一名技术工人，就要当最出色的技术工人。"1988年，徐新武如愿以优异成绩考入陕西省属单位汉川机床厂——汉川技校。当全家人都沉浸在四娃考上技校的欢喜之中时，父亲却一个人蹲在墙角，他点了一根烟抽了起来。徐新武一生都记得那一天父亲的背影，那是一位父亲对孩子前途的期待和担忧的背影。

要当最出色的技术工人

1988年9月，徐新武正式开始了在汉川技校的学习生涯。父亲把徐新武送到学校门口，转过身去挥了挥手，走了几步却又站住了，转过头问徐新武："选择上技校，你后悔不？"徐新武坚定地大声说："我不后悔，我要上技校，我要当最出色的技术工人！"这声音在汉川技校的上空回荡，似乎盖过了一切声音。学校门口车水马龙，徐新武的内心却静如止水，他的目标非常明确——"成为最出色的技术工人"。同时，徐新武很清楚，这个目标不是靠说就可以实现的，而是要用一生去践行。

20世纪80年代，上技校是很多人向往的事情。国家在发展工业上进行了大力投入，技校生也得到了很好的待遇。凡是参加社会统一考试被录取的学生，国家每月发放二十五元的生活补贴，基本够一个月的生活费。徐新武没有后顾之忧，徜徉在汉川技校的校园里，一心扑在学习钳工技术上。这是他梦寐以求的知识殿堂，不需要任何人的督促，他如饥似渴地学习、练习，不放过任何一个疑难问题，都要向老师请教。

技校授课的老师都是老牌大学的毕业生，在学术方面他们细心严密，在教学方面他们耐心细致。每一堂理论课徐新武都被深深地吸引，他认真听老师讲的每一个知识点，在脑子里面模拟着该如何实操。记得老师讲授金属材料与热处理的知识，徐新武聚精会神地听，老师旁征博引，深入浅出，讲我国金属材料及热处理的现状，金属材料在工业领域的应用……下课后，徐新武主动找到老师办公室，请教老师具体的材料热处理应该怎样加热，温度达到多少，怎样保温，怎样冷却……直到老师将每一个问题仔细解答了，他才离开。转身发现，天都黑了，他回到教室，那里就剩他一人，食堂也没有饭菜了。这样废寝忘食的学习"事故"在徐新武的技校生涯里常常出现。理论水平增长的同时，徐新武的技术水准也在慢慢地提高。

汉川技校作为大型国企办的技校，在技能教学上有天然的优势。要成为一名优秀的钳工，技能的提高便显得尤为重要。人们常说"三分理论，七分技能"，作为技工，不论理论知识学得多么好，最终都还是要落到技术实践上来。学校请了很多来自工厂经验丰富的老师傅，他们手把手地给汉川技校的学生传授技艺。徐新武至今记得老师傅们实在的语言、娴熟的技术、耐心的示范。作为一名钳工，实训内容都要从刮研、钻孔、攻套丝、锯割、锉削、装配、划线等最基础的工艺学起。这些技术虽然简单，但却是成为一名好钳工的基础。学习技艺就如同铸造一座金字塔，只有地基牢固了，才能有一个完美的塔尖。

接下来，就要了解锉刀的构造、分类、选用、锉削姿势、锉削方法和质量的检测。这部分的实习简单且枯燥，老师的要求很严格，很多时候，一个上午只重复一个动作。手握着锉刀在工件上来来回回地锉，手心磨出水泡都是常有的事。即便这样，老师也不会放松标准让同学们过关。学生在工位上一站就是四五个小时，腿都站麻了。手背酸疼酸疼的，拿筷子都有些颤抖。随着手上的老茧愈长愈厚，徐新武的技术也有了质的飞跃。慢慢地，他可以独立完成一些作品，虽然不尽完美，但还是会得到老师的鼓励。为了练习识图、划线、下料、锯割、锉削、测量、打孔、沾火、整形等基本功，老师让学生们自己尝试着做一些工具，如羊角榔头、扁錾、划规、直角尺、燕尾板……实训室的工具都堆成了小山，技艺却还没有达标。学生只能更加刻苦地练习，若哪个工具做得好，老师便奖励给本人带回家，徐新武笑着回忆："至今啊，我们家用的那个榔头，还是我念技校时练手的作品。"

在徐新武的技工生涯里，"刮研"技术是他的制胜法宝之一。刮研是利用刮刀、基准平面、测量工具和显示剂，以手工操作的方式，一边研点，一边测量，一边刮研加工，最终使工件达到工艺上规定的尺寸标准，还要使其几何形状、表面粗糙度和密合性等都符合要求的一项精加工工序。简言之，就是要用简单的工具，纯手工制作，产品达到超高的精密水准。在机器和高科技无限进步的今天，人工刮研仍然是无法替代的，如我们常见的机床导轨、滑动轴承的轴瓦、拖板等都是通过刮研精加工制作而成的。刮研工艺不是一项简单的技术，要成为一名合格的刮研师傅，必须经过无数次的动作练习，每天要经历上万次的重复微调姿势动作，才能熟练掌握腰力以控制刮刀的精准。左手给的压力决定深度，右手则控制刮研点，双脚控制重心，使手脚配合协调，反复练习形成肌肉记忆。

最初练习刮研技术时，徐新武并没太上心，他觉得，难道人能比机器还厉害吗？他练习起来也并不得法，趴在工位上闷头苦干，把自己累得满头大汗也没有什么进步。老师告诉徐新武，刮研技术并不是一种"随心所欲"的作业，既要有丰富的知识储备，更要有长期累积的经验，有时候，刮研师傅对精度的把握靠的是一种"熟悉的感觉"。站立的姿势，握刮刀的姿势，都有可能影响最终的刮研效果。老师手把手教他，徐新武也刻苦地练习，他渐入佳境，慢慢地领悟到刮研技术的精妙，怎么发力，怎么合研，怎么刮显点，徐新武都有了自己的把握，日积月累，熟能生巧，刮研水平越来越高。业内流传着一句话：要训练出一个刮研师傅，比训练一个木雕师傅更不容易。至今，国内外精密机床、重要结合面，还是沿用人工修刮实现超高精度。徐新武先后在两家公司工作，高档数控机床立柱、尾座、尾筒以及座类零件的重要结合面一直都使用刮研装配工艺。毫不夸张地说，刮研技艺让他受益终身。

在汉川技校学习的三年时间里，有一大半时间，他都是在装配车间实习。这样的实习比在学校进行模拟练习有趣得多，也让徐新武提前进入了工人的角色之中，身上的责任也更重了，再也不是简单地比画练习。徐新武跟着工厂里的师傅，眼瞅着如何将学校里学习的技能和知识应用到实际生产中去，而从实际生产中，又可以每天学到新知识，悟到新技能。就这样，徐新武在各方面都有了很大的进步，很快，他就能独立装配卧镗机床的3D、

3C部件了。

　　在这三年时间里，徐新武的每一天都被安排得满满当当，听课、练习、请教、实操……他牢牢记得父亲的那一句话："既然选择成为一名技术工人，就要当最出色的技术工人。"这三年的每一天，他都在为这句嘱咐、这个期待、这个目标而努力着。功夫不负有心人，毕业时徐新武因各科成绩优异、车间实习成绩突出，被汉川机床厂装配车间主任直接留下，成为一名正式的装配工。

第三章　干一行，专一行

做技工，要啃难啃的硬茬

1991 年 8 月，徐新武正式入职汉川机床厂八分厂，开始了他的工人生涯。在技校学习期间，徐新武一直主攻卧镗 3D、3C 部件，对于这方面的工艺他已经十分熟练，工作干起来也能得心应手。而入职后，徐新武却接到了一个全新的任务——装配卧镗主轴箱。

起初，徐新武对这项任务是比较抗拒的，他已经熟练地掌握了一门技术，从某种角度上来说，已经端稳了"铁饭碗"。卧镗主轴箱的装配难度极高，几乎需要掌握所有的机械原理，有蜗轮蜗杆传动、齿轮轴系传动、齿轮齿条传动、皮带传动、丝杆和光杆进给传动、拔叉连杆机构、孔盘18位变速机构……看着一堆复杂的零部件犬牙交错但又运动有序，徐新武一脸茫然，不知从何入手。站在机器面前，徐新武打起了退堂鼓。对于刚刚入职的徐新武来说，本以为在学校里已经学了足够多的知识，他没想到刚入职就面临这么大的考验，眼前的理论老师没有讲过，操作师傅没有教过，徐新武在这艰巨的任务前不知如何是好。

第二天，徐新武找到车间主任，支支吾吾地说出了自己的担忧："卧镗主轴箱的装配太难了，我怕学不会，干不好。"主任的一番劝解让徐新武终生铭记："年轻人，要是人人都只干自己熟悉的工作，那机械上的难题谁去攻克呢？技术怎么进步？你还没干，就觉得困难重重，不试试怎么知道嘛，如果你学会了卧镗主轴箱的装配，还怕不会装其他部件吗？你要相信，办法总是比困难多的。"是啊，办法总比困难多。徐新武想起自己小时候制作玩具的场景，没有材料他找材料，没有工具他做工具，没有人教他就自己摸索，不是也一样成功了吗？想到这里，他又重拾了信心。

徐新武跟着两位师傅在全新的装配工艺领域摸索着。杂乱无章的零部件慢慢地在他的脑海中显出了顺序，一项项技术难题也在他的反复练习摸索中迎刃而解。看着徐新武独立装配出第一台卧镗主轴箱，主任拍了拍他的肩膀说："不错嘛，小伙子，你记住，要成为优秀的技术工人，就要啃下别人啃不下来的硬茬！"在徐新武后半生的技工生涯里，每遇到一个难题，他就会想起老主任说的这句话。一路上，他啃下了一个又一个难啃的"硬茬"，解决了一个又一个技术难题，才成就了自己，帮助中国机床迈向新的台阶。

两位师傅

在工厂里，师傅带学徒是每一个工人迅速成长的基本途径。徐新武在学习卧镗主轴箱装配的时候，工厂就为其安排了两位出

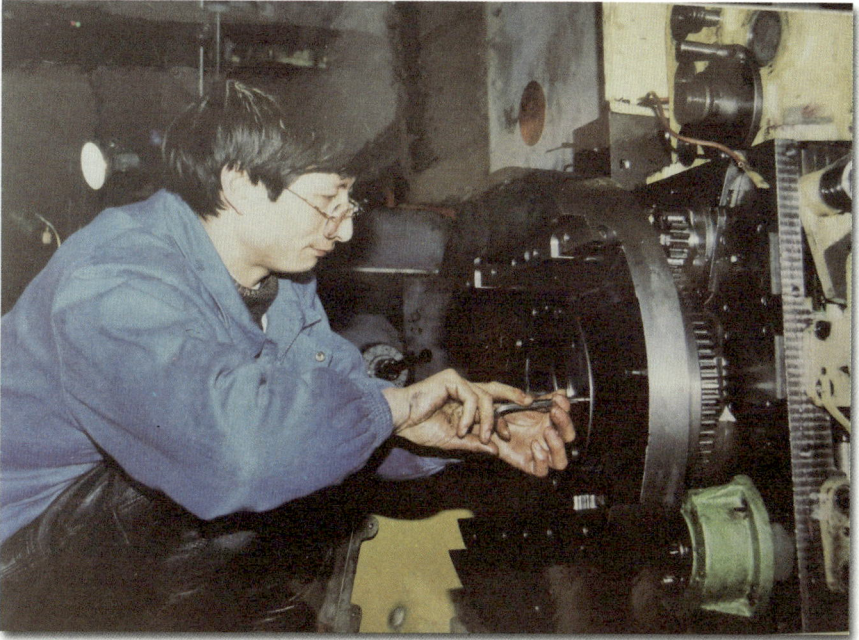

⊙ 1993 年 10 月，徐新武在汉川机床厂卧式镗床装配线上安装主轴箱平
　旋盘

色的师傅，两位师傅高超的装配技术、认真的工作态度和持久的敬业精神都影响了徐新武的一生。

其中一位师傅是全厂装配技术"大拿""质量信得过工作者"吴国斌，另一位师傅是全厂装配"快枪手"王会斌。两位师傅各有所长，吴国斌主攻全厂新产品试制和卧镗主轴箱装配，王会斌装配速度之快使他每年的装配完成量都名列全厂前茅。两位师傅不仅在技术上给予徐新武指导，更在心态上帮助他成熟。他们讲解着原理，配合着工艺，对照着实物，循序渐进地给徐新武讲解。从最初的机械装配识图，到机械传动原理，两位师傅乐此不疲，把他们积累的宝贵经验毫无保留地讲给徐新武，言传身教增强着徐新武的信心。碰到技术难关，徐新武总是担心自己做不好，两位师傅告诉他："眼过千遍不如手过一遍，只要勤加练习，一定能熟练上手。"遇到没有遇到过的装配难题，徐新武不敢下手，怕犯错误，两位师傅便做他的后盾："别怕出错，有师傅在。"在别人看来，这些话语或许很平常，但是在徐新武看来，却如同一面墙一样挡在他的背后，让他没有后顾之忧。也是在两位师傅的教导和鼓励下，徐新武才养成了不怕困难、胆大心细、不破难关誓不罢休的性子。

吴国斌身上谦虚、严谨、精益求精的工匠精神感染着徐新武，这种精神像一面旗帜一样引领着他。有一次徐新武和吴师傅调试T611B机床主轴精度，调了三天结果还是不怎么理想，眼看计划周期要到了。技术上要求主轴近端径向跳动正、侧向不得大于0.009毫米，主轴伸出300毫米检测，径向跳动正、侧向不得大于

0.018毫米。经过多次尝试后，精度怎么调都是擦边。看着眼前无数个制作失败的零件，徐新武心里很气馁，甚至想"破罐子破摔"了。他想着：擦边嘛，运气好点也就蒙混过关了。他低下头对吴师傅说："师傅，要不咱给检验交检试试，也许能过。"就在徐新武为自己的小聪明沾沾自喜的时候，师傅的脸却迅速沉了下来。那是师傅第一次对徐新武生气，平日温柔的他迅速变得严肃起来。一向和蔼的吴师傅大声地冲着徐新武说："干机床，要干就干到最好，要么就别干！"一语惊醒梦中人，徐新武想起了当初父亲对自己说的话："既然选择成为一名技术工人，就要当最出色的技术工人。"父亲和师傅的声音一左一右，在徐新武的耳畔回荡，两个人殊途同归，对徐新武进行了同样的劝诫。徐新武明白了，作为一名技术工人，必须要做到精确、严密、一丝不苟。

让徐新武彻底服气的是师傅的言行一致。师傅不仅是这样说的，更是这样做的。为了查清调不出精度的原因，他把主轴系全部拆解检查，一步步排查原因。最终查出是由于徐新武疏忽，主轴前轴承肩面安装不到位造成的。徐新武心里有些害怕，以为肯定要挨骂，他低着头，等待着师傅的火气降临。

没想到师傅没有发火，面对这么大的失误，他只是耐心地告诫徐新武："核心部件安装一定要仔细，反复清理，反复确认，一步一个脚印，把事做细了。现在的慢，就是为了后面的快。"徐新武低着头，向师傅承认了错误，师傅深感欣慰："知错能改就是好孩子。"看着师傅露出了和善的笑容，徐新武也领会了吴师傅的用意，技术上出错，可以改，师傅也会耐心地教，但若是心态上有问题，要搞些投机取巧、自作聪明的把戏，他是不会容忍的。同时，"要做就做到最好"的理念，也深刻地印在了徐新武心中。

王会斌师傅身上的自信、严谨、高效、不服输的态度，更是如数复制到了徐新武的身上。初拜入他门下时，徐新武在理论知识和工艺技术上都有所欠缺，为了尽快赶上来，徐新武日夜不停。他白天学习各种操作技能，从最基础的看图纸、认钻头，到有难度的打眼、套扣……夜里还要在宿舍挑灯夜战，将白天在车间里遇到的问题，从理论上进行"恶补"。刻苦之下，虽然徐新武在各方面都有了显著的进步，但几个月下来，身体却吃不消了，他常常因为夜里熬太晚，白天打不起精神。王师傅看到疲惫的徐新武，不用问就知道因为什么。作为厂里的"快枪手"，他深知学、思和实践之间的关系。他告诉徐新武："要成为一名优秀的装配工人，不仅要刻苦学习、练习，更要善于思考，思考如何将理论与实践相结合，如何在反复实践的过程中减少失误、提高速度，一味练习并不能从根本上解决问题，还要认真观察、多动脑。徐新武恍然大悟，看着师傅利落又迅速的手法，徐新武终于悟到了他成功的秘诀。晚上躺在床上，他开始思考自己装配中的每一个步骤，哪里不够好，哪里很完美，怎样可以提速，怎样可以简化步骤……想清楚了这些，再配合扎实的基本功，徐新武很快就掌握了机械装配的要领，几个月后，他便可以独立地进行机械装配工作。

两位师傅的教诲徐新武谨记于心，父亲的告诫也铭刻在他的脑海中，加上本就要强的性格，徐新武在工作过程中逐渐养成了不服输、不退缩、不气馁的品格。为了追求卓越，证明自己，每一天他都是最后一个离开车间的人。徐新武笑着回忆道："那时候啊，就是年轻，心中就一个信念——不能给我的两位师傅丢人。别人都是把活干完就行了，我却不行，我必须要把每一样活都干好，就跟你们现在所说的那个强迫症、完美主义者，差不多。"

机床装配要将成千上万个零部件一一组装起来，而且要保证各项精度达到标准，稍有疏忽就会出现这样或那样的问题，甚至会因为精度超差导致返工。徐新武装配的机床，不仅速度快，而且保证质量，一次交检合格率达99%以上。终于，他作为一名青年装配骨干脱颖而出，崭露头角。在1994年和1995年，他连续被企业团委评为"优秀青年团员"。在1997年的全厂职工代表大会上，他被评选为最年轻的"质量信得过工作者"。

徐新武进步之快，让全车间的人震惊。但是他的付出，所有人也都看在眼里。徐新武坦言道："没有两位师傅，就没有后来的我，他们在最平凡的岗位上，书写着不凡的坚守与担当。"

99%以上的合格率

什么样的工人可以达到生产的产品有99%的合格率呢？这对于一名工人来说意味着什么？象征着工人的技术水准到了怎样的阶

段呢？

合格率指的是在产品质量检测中，合格产品数占产品总数的百分比。在生产过程中，每一道工序都可能产生缺陷，一些缺陷可以通过返工修复再次成为合格的产品。而从徐新武手里出来的产品，一次交检合格率达99%以上，也就是说，不返工不修复，徐新武每一次交检，合格率都超过99%。不仅在汉川机床厂，放在整个行业来看，徐新武的一次交检合格率都处于顶尖水平。

这样耀眼的成绩，得益于徐新武精益求精的工匠精神。每次拿到装配图纸，他都会仔细研读，多想几种思路，并选择最好的方法进行工作流程、装配工艺的统筹安排。装配过程中，"不放过任何一个小的漏洞"是他的宗旨，"小问题可能导致大问题""装配的每一步都要走踏实"更是成了他的口头禅。遇到解决不了的问题，就是不吃饭不睡觉，他也要攻克下来；眼里看到再小的瑕疵，他都会着手去改正，绝不糊弄过关。徐新武说："优质产品是生产制造出来的，不是检验出来的，只有过了自己这一关，才能拿去过质检那关。"同事们都开玩笑道："徐新武的关比质检的关还难过。""徐新武那关都过了，还愁过不了质检那关吗？"徐新武谨慎的工作态度，由此可见一斑。

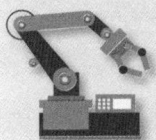

第四章　幸福的三口之家

小徐师傅和小王

1994年下半年，徐新武的工资档被厂里破格晋升到高级。事业的进步带给他满心欢喜。更值得高兴的是，就在这个时候，徐新武的爱情之树也在悄悄开花。

一个秋高气爽的清晨，徐新武像往常一样匆忙地来到车间，准备将自己放到那一堆机械零件中去。或许是因为他是厂子里的青年才俊，所有人都将徐新武的婚姻大事放在心上——也或许只是因为命中的缘分到了。抬头的一瞬间，徐新武看到工段长带着一个女孩站在了他的面前。阳光透过车间的窗洒在女孩的身上，将她照耀得更加娇羞。钳工男面对机械零件时的淡定从容猛然间消失殆尽，徐新武不知所措，心怦怦地乱跳。工段长看着徐新武慌张的样子，笑着拉过了女孩说："小徐，这是技校来车间实习的学生，让她跟着你学习，你好好带带这个小姑娘，注意安全，别磕着碰着了。"半晌，徐新武才回过神来，一本正经地答道："知道了，工段长，我保证完成任务。"车间里的人哄堂大笑，工段长也笑得合不拢嘴，回头又对女孩说："小徐师傅技术水平很高，好好跟着他学习，对你以后会有帮助。"

　　有了工段长的介绍，这个女孩便叫徐新武"小徐师傅"，徐新武叫她"小王"。羞涩的两个人扭捏地自我介绍，互相才有了初步的了解。徐新武知道了眼前的女孩名叫王凌霞，是自己的老乡，年纪也相仿，还都是汉川技校的毕业生。徐新武是 1988 级钳工班的初中社考生（社会统考统招一部分，厂子内招一部分子弟），王凌霞是 1992 级电工班的高中社考生。两人年龄相仿，志趣相投，自然能聊得来。慢慢地，两个人渐渐从约束拘谨到无话不谈，一起探讨专业、生活、理想……王凌霞和徐新武一样，有悟性且动手能力强，徐新武讲过的，她都能很快掌握，她的聪慧也深深地吸引着徐新武。徐新武说："好像是两个人之间有一根隐形的线，不断地把我们拉得更近。"两个人一起吃饭，一起工作，互相帮助。不知从何时起，王凌霞不再叫他"师傅"，徐新武也不再叫她"小王"，两个人直呼其名，全然像是两个青春好友。

走入婚姻殿堂

　　在车间里，徐新武和王凌霞互相学习，共同进步。下班之余，两个人也是互相关心，互相惦记，担忧对方的冷暖，牵挂着对方。徐新武回忆："与她相处很舒服，她不仅温柔善良，还有一颗积极上进的心。"工作时，王凌霞与徐新武一样，聪慧刻苦，精益求精。生活中，两个人也是极默契的，一个眼神、一个动作，彼此就能心领神会。平时严肃木讷的徐新武，竟然也自言自语起来："这或许就是爱情的感觉吧！"

两年的实习结束后，王凌霞被分配到九车间机修组，做设备电器修理工作。经过两年的相处，他们从相知相爱，到相伴相许。1996年1月6日，"小徐师傅"和"小王"如愿地走进了婚姻殿堂。

婚礼虽然简朴但真挚。厂子里的工友们争先恐后地为他们布置婚房，出谋划策。徐新武回忆道："那个时候啊，不论谁结婚，都是一样的，大家互帮互助，能干点啥干点啥。"在工厂领导的主持下，在工厂工友的见证下，徐新武与王凌霞两个人终于礼成。庄严的证书面前，两个人都无比坚定，相信自己遇到了最好的人、最合适的人。

谈到与王凌霞的婚姻，徐新武感慨良多。20世纪90年代，工厂生产水平不断提高，工人的生活质量也得到了很好的保证。徐新武与王凌霞结婚后，住到了工厂分配的福利房里面。"虽然是一厨一卧的筒子楼，但对我们两个人来说，已经很满足了。"看着四面洁白的墙壁、崭新的门窗，徐新武感慨祖国的强大。他知道，能有如此安定美满的小日子，根本原因要归结于日益强大的祖国。自己的生活安定了下来，心也有了归属，怀着对祖国的感念、对工作的热爱，徐新武又全身心地投入到车间生产中去了。

三口之家

妻子王凌霞是家里最小的孩子，从小在父母哥姐的疼爱下长大，对家务厨艺并不精通。与徐新武结婚后，昔日的"小公主"自告奋勇地照顾起一家人的生活。她深知徐新武的工作繁忙劳碌："他们搞机床装配的，不光要进行脑力劳动，更要干体力活，工作中避免不了上高趴低去处理

⊙ 2001年，徐新武被评为第一届汉川"十大杰出青年"，携家属在汉中卧云山旅游留念

一些棘手难题，有时为了赶任务还要加班加点。"在车间里，王凌霞是人见人夸的"聪慧小王"，如果一心扑在工作上，她一定能获得不俗的成绩。但看着早出晚归的丈夫，操劳着车间里的装配生产，

有时盯着装配图纸一看就是一夜，还得惦记着家里的事儿，她倍感心疼。为了支持徐新武的工作，王凌霞心甘情愿退居二线，做了徐新武背后的女人。王凌霞告诉他："以后我主内，你主外。家里事你不用操心了，安稳工作就行，你做的饭不好吃，衣服也洗不干净。"听着妻子的抱怨，徐新武心里很清楚，妻子是怕自己太劳累才这么说，就是为了让自己更安心地投入到工作中去。

从那以后，王凌霞自学厨艺，包揽了家里大大小小的活儿，为徐新武解决了后顾之忧，用百分百的爱意经营着他们的小家，支持着徐新武的工作。妻子对自己的付出，徐新武也看在眼里，每逢调休或者周末的时候，他就带妻子下饭馆改善一下伙食。知道妻子爱吃火锅，一有时间他就为妻子下厨准备火锅，全程不让妻子帮忙。做火锅的习惯年复一年，练就了徐新武的一手"火锅厨艺"。这样的日子虽然平淡，但徐新武夫妇乐在其中，甜蜜恩爱。

二人世界没过多久，徐新武夫妇便迎来了最好的礼物——他们的女儿。1997 年 4 月 16 日，爱女的一声啼哭，让徐、王两家人不胜欢欣。由于剖腹生产，王凌霞本就瘦弱的身体更是疲惫不堪。看着病床上的妻子，徐新武心疼极了，他激动的心情无以言表，只有默默地两行眼泪，诉说着自己复杂的情绪。王凌霞醒来后，看到可爱的女儿似乎忘记了疼痛，轻轻地吻了吻女儿的额头，三个人相拥在一起。从此，他们三个人，是一个完整又幸福的小家。

出院后，徐新武想让妻子待在父母家坐月子，他想着这样可以让妻子得到更好的照顾。没想到妻子却不愿意，她谢绝了父母的挽留，执意要随徐新武回到他们的小家。哪怕分开一刻，她也是不愿意的。徐新武知道："她是挂念我嘛，怕我工作忙，一个人下班后，没时间做饭，不好好照顾自己。"妻子这份每时每刻的关怀，徐新武记在心中。

虽说有半年的产假，但妻子并没有休息几天。将就着能下床后，她就每天坚持给徐新武准备晚饭。孩子大一点，伤口恢复以后，她便包揽了所有的家务，一边带孩子，一边照顾家庭。王凌霞告诉徐新武："进到车间你就不要记挂我，好好干你的工作，我会把自己和女儿照顾好的。"妻子对自己全心全意的付出让徐新武歉疚不已，一直以来，他都觉得自己对母女两个人有所亏欠，妻子却告诉他："我们能有这么好的日子，都要感谢工厂，感谢祖国，你既然去工作了，你就好好干，把厂子里的事情干好。两口子，没什么亏不亏欠的。"

在妻子的全力支持下，在美好生活的目标指引下，徐新武不负众望。1996年底，徐新武成为最年轻的"生产标兵"和"质量信得过工作者"，工资晋升了两级。他笑着回忆道："当时啊，老厂长亲自为我披红戴花颁奖，我啊，还一度成为厂子里的热点人物。"站在领奖台上的那一刻，徐新武热泪盈眶。他对得起妻子对自己的付出，对得起师傅和前辈们对自己的培养，也对得起工厂、车间对自己的栽培。回到家后，妻子与他相拥而泣，女儿抱着鲜红的证书咿咿呀呀。那一刻，幸福的笑容溢满了这个家庭每个人的脸庞。看着妻子和女儿，徐新武的目标更加坚定，他下定决心以后要更加努力，要对得起伟大的祖国，是祖国给了他安稳、美满的生活！

　　2002年4月，从小梦想成为一名共产党员的徐新武与妻子王凌霞一起加入了中国共产党。庄严的党旗下，夫妻二人一同宣誓，坚定的声音里，回响着两个人共同的追求。徐新武在心底暗暗地给自己定了新的目标、新的任务——要将自己的全部身心都投入到中国机床的事业当中去，要更严格要求自己、更努力工作。徐新武说："中国共产党是伟大的党，能加入组织是我的荣幸，我要向前辈先烈学习，积极工作，建设祖国。"

　　自己的"小日子"愈加美满的同时，徐新武的身上背负了党的期盼。从那一天起，他决心为中国千千万万个家庭的"小日子"而奋斗，为祖国美好的明天而奋斗。2004年至2012年，徐新武连续多年获得集团公司"优秀共产党员"称号。

⊙ 2017年，徐新武一家登泰山留念

第五章 专家型工人的成长之路

"有困难，找徐新武"

不知道从什么时候开始，徐新武在工厂里不再是一个名字，而是一个符号了。"有困难，找徐新武"成为工友们挂在嘴边的一句话。究其原因，一是因为徐新武有过硬的技术，别人解决不了的问题、装配不了的工序，他都能很快完成；二是因为徐新武有乐于助人、低调踏实的品质，不论谁需要帮忙，叫一声，徐新武就到了。遇到棘手的问题，徐新武放下自己手里的工作也要去帮助别人；遇到麻烦的问题，徐新武不吃饭、不回家，也要帮别人解决。有一次，妻子在家里等到半夜还不见徐新武回家，桌上的饭菜凉了又热，热了又凉，她满心担忧。徐新武回家后，妻子忍不住唠叨了几句，徐新武却说："都是一个厂里的同事，你帮帮我，我帮帮你，企业好了，大家都好。"

徐新武的能力被众人看在眼里，随着公司加工中心数控铣产量的不断上升，分厂急需一名同志担任数控铣工段的工段长。工段长在车间生产中是尤为重要的角色，负责一个工段各项工作的统筹安排。一个工段的分工协作、合理调配、生产效率，都与工段长的领导能力有着密不可分的关系。这对徐新武来说，是一个不小的挑战，"自己干，和组织领导一个小组干，这完全是两个

⊙ 2009年，徐新武在汉川机床35号车间装调刨台镗主轴箱主轴

概念。"2002年初，徐新武勇于挑战自我，前往分厂担任工段长。

走马上任后，毫无经验的徐新武才逐渐意识到自己面临的困境。如何激发工人的生产积极性和能动性？怎样才能带出一帮装配能手来满足生产需要？如何在提高生产速度的同时还能保证质量？十名工人要如何分工？一系列的问题困扰着他，但不论怎样，他都必须将这一支队伍带好，不能辜负组织对自己的信任。那一段时间，徐新武日夜与工友们在一起，只要有一个工人不下班，他就不下班，他成为车间"上班最早，下班最晚"的人。

徐新武的身影陪伴着朝阳和晚霞，他坚持和装配人员一起奋战，将自己的汗水悉数洒在了他所热爱的机床事业上。徐新武的工友回忆道："那段时间啊，我们都说，哪里有问题，哪里就有徐新武；哪里着急发货，哪里就有徐新武，这个人不仅技术水平高，精力更是充沛。"徐新武在刻苦努力下，很快便解决了许多困扰工段生产的实际问题，探索出了一套分序作业装配法。即把每个小组独立化部件作业，实现管理细化，产能责任到人，最大限度地调动人的积极性，提高生产效率。

在分序作业装配法的指导下，徐新武建立了一个勇于拼搏、能打硬仗的团队，生产任务如期完成，不拖沓、不延迟，急发货的产品也能按期交付。徐新武的工段不但能保证生产速度，产品的质量也得到了保证，一次性交质检通过率都是99%以上，极大提高了生产效率。单品种月产立式数控加工中心XH714达35台以上。徐新武在工段长这个职位上，交出了令人满意的答卷。

车间里的"饿狼小组"

徐新武担任工段长两年，为分厂培养出了许多装配能手，成绩有目共睹，工友们心服口服。大家都认为徐新武未来将会一片坦途时，他却提出要重返装配一线，为厂子解决棘手问题。

继1999年汉川机床厂成立了由国有股和内部员工股构成的国有控股公司汉川机床有限责任公司后，2006年，汉川机床有限责任公司再次整体改制重组，成立汉川机床集团有限公司，很多工人下岗，人员减少。然而随着国内机床市场的快速发展，当时卧式镗床订单应接不暇，客户催收紧急，甚至有客户住到工厂催收，生怕公司不能按时交货。卧镗主轴箱装配线上，能完整装配主轴箱的台长屈指可数。订货量不断增加，出产量无法满足销售，公司上下焦急万分，动员各部门有卧镗装配经验的人员支援卧镗装配。

当时，公司采取计件方式支付工资，工人多劳多得。徐新武凭着自己突出的个人能力，一个月可以独立完成四台设备的装配。传统的装配方式虽然可以有效提升工人的生产积极性，但这样"一竿子插到底"，一人从头干到尾的生产方式也存在诸多弊端。一是需要大量装配人员投入；二是需要大量技能全面、装配经验丰富的装配工；三是单兵作战，不能形成批量生产，不利于全面协调劳动力，工人们缺少团队精神。为了更好地进行卧镗主轴箱的装配，徐新武甘愿放弃单打独斗，放弃个人的利益，建议公司改变生产组织方式，变单人单台装配为分组分序流水化装配，实行以老带新，分工协同作战。

采用分序流水、群狼作战装配方法，也就是把复杂的工序简单化，分解成若干个工序，每一道工序选一名有经验的师傅带头，带领四名徒弟进行生产。这样做的意义在于，可以把简单的工序熟练化，方便批量生产，让工人面对成千上万的机床零件觉得装配不再那么繁杂。公司领导听取徐新武的意见后，决定吸收采纳。卧镗生产线分解成若干小组之后，徐新武担任了主轴箱工段的装配小组组长。为了充分调动十二名组员的生产积极性，提高生产效率，徐新武想尽了一切办法。在思想工作方面，徐新武给组员灌输"挣工资"的观念："只有维护公司的效益，才能更好地维护个人的利益，不应该等公司给我们发工资，我们要自己去挣工资，挣高工资。"通过这样的方式，徐新武增强了组员的市场意识。在具体的工作分配方面，徐新武精心布置工作中的每一个细节，以身作则，带头打起攻坚战。他带动全体组员在保证安全的基础上，合理安排人员；在保证生产质量的基础上，提高生产效率。

在徐新武的组织带领下，小组成员个个争先恐后，形成了"有活抢着干，苦活累活争着上"的氛围。组员们精诚团结，气氛融洽，战斗力极强。从2006年5月开始到2006年年底，徐新武带领的小组累计完成260多台主轴箱和20多台新产品的装配任务。2007年，徐新武带领主轴箱装配小组全体成员继续团结奋战、奋力拼搏，共装配主轴箱354台，其他新产品试制50余台，产值约3亿元，名列各小组第一。

徐新武带领的小组，成员相亲相爱，工作奋勇争先，质量绝对保证。师傅带徒弟，每个人都成了装配的"快枪手"，月月超额完成任务，人人争着干、抢着干、比着干。每次接到任务，他们如同饿狼扑向食物一般，工友们戏谑地说："徐新武带的小组干起活来像一群嗷嗷叫的饿狼，速度太快了。"徐新武提出的生产方法，也在很多车间推广使用。实践证明，他提出的生产方法既实用简单，又高效。他们的团队精神和战斗力也成了卧镗生产线上的一面旗帜，被全厂讨论学习，他带领的小组也成了新进厂的毕业生入职培训基地。徐新武小组的精神感染着公司里的所有工人，一时之间，公司形成了"争当第一，赶超徐新武"的竞争风气。

2006年，也是徐新武与王凌霞结婚十年的节点。基于他不俗的"战绩"，以及他不计个人利益、一切以公司利益为先的工人情怀，他当之无愧地被公司评选为"劳动模范"，获得奖品小轿车一辆。十年，他向自己的家庭、默默付出的妻子、久久等候的女儿交上了一份满意的答卷，更向培养他的公司、向日益壮大的祖国、向伟大的改革开放时代，献上了一份满意的答卷！

机械工人中的"状元郎"

徐新武的成绩，离不开他十年如一日地学习。他在不断提升技艺的同时，对理论知识的学习也毫不松懈。技校毕业，理论知识没有得到深入的学习一直是他的遗憾。工作后，徐新武想方设法弥补着自己的不足，自学课程，坚持看书，向他人请教。徐新武说："只有夯实基础，才能提升自我。"

1996年，徐新武埋头复习，通过了高级工技能鉴定考试，被评定为"高级工"。随着社会经济的发展，工人的文化水平不断提高，厂子里新人涌现，徐新武能感受到自己与他人存在着一定的差距。一直向往学校与课堂的他，也终于等来了一个机会。2001年，陕西理工学院举办"机械设计与自动化班"，在工作任务繁重的情况下，徐新武坚持入班学习，并以优秀的成绩毕业，理论知识水平得到了很大的提高。同年年底，徐新武顺利通过技师技能鉴定，被评定为"钳工技师"。

理论知识水平的提高让徐新武得以更快地成长，他先后从事过卧式镗床、数控铣床、立式加工中心、龙门式加工中心、卧式加工中心等各类机床的装配，参与过公司数十种数控机床新产品的试制工作。遇到困难，徐新武不言退缩，一遍一遍地试验、改进，再重新组装。遇到不懂的地方，他四处找人请教，翻书学习，重返知识的殿堂。基于他扎实肯干、勤学苦练的工作态度，善于摸索、善于总结、善于创新的工作精神，徐新武带领团队多次攻克了机床装配中的技术难题。

针对轴承安装中传统安装方法存在的各种弊端，徐新武总结摸索出了自己的一套新方法——无尘主轴轴承预热装配法。他用自己发明的装置，加热安装轴承的内圈，使其均匀受热。当温度达到80℃时，轴承内圈直径膨胀约0.05毫米，利用热胀冷缩原理，从而轻松实现轴承安装。摒弃了过去冲击安装方法，解决了机床精度超差、温升高、噪音大、轴承易烧坏等装配难题。

卧镗主轴箱的清洗，一直是堵在工友们心中的一块石头。由于内部结构复杂，轴系多、传动齿轮多、箱体内型筋多，在安装过程中产生的铁屑容易滞留在箱体内。因此对箱体的清洗是一项尤为重要又困难的工作。传统清洗方法就是工人用煤油往里淋浇，然后擦拭，既费时费力，又不安全、不环保。为了提高效率、节约资源、保护工友的人身安全，徐新武设计了一种主轴箱二次拆装清洗的安全装置，采用自动化的方法，只需把喷头对准清洗部位，然后启动装置，简易转台带动箱体360°自由旋转，喷头自下而上成60°交叉喷淋状，就可以完全无死角地对箱体进行清洗。这种清洗方法既保证了主轴箱一次清洗彻底清洁的效果，还为主轴箱清洗提供了安全保障，有效避免了安全事故的发生。

机床降噪是机床研发中的技术难题。2006年，汉川机床集团有限公司设计了一种新的数控镗铣，由于主轴输出动力采用的是同步带传动，主轴高速运转时噪音高达88分贝。88分贝的噪音是什么概念？88分贝大致相当于极度繁忙路段的行车噪音，如果人在88分贝的噪音环境下连续停留8小时，听力会受到损害。研发人员采取多种措施，都无法降低噪音。车间决定找几个经验丰富的工人与研发人员一起解决问题，徐新武当仁不让。通过和研发人员分析结构、安装过程、测试结果，反复推敲试验，他们最终总结出了几种降噪方法，使机床降噪6到8分贝，提升了汉川机床产品的质量、性能和市场竞争力。这次机床降噪工作，引起了领域内很多专业人士的关注，徐新武也将工作经验和心得经过整理，撰写成论文《浅析数控机床噪音的成因及控制方法》，该论文在《金属加工》杂志2009年第三期上发表。

徐新武不仅在改进旧机器、老方法上颇费苦功，在新产品的研发上，他更是精益求精，力求把每个细节都做到极致。在新产品试制中，徐新武不断优化装配路径，和设计人员沟通完善产品结构，并在后续编写了大型刨台式、落地式铣镗加工中心主轴箱装配工艺手册，设计了主轴碟簧组合压缩装置、复合装配平台、可视式试车观测调试大盖、尾筒同心调整工装等装置，创新了大型数控机床主轴拉刀力的调试和松刀油缸的装配技术、主轴轴承预紧力的调试方法等。汉川机床集团有限公司的大型数控机床能投入批量生产，徐新武功不可没。除此之外，徐新武还多次参与公司QC（Quality Control的缩写，中文译为"质量控制"）流程中的质量攻关与管理活动，为公司在管理、质检、验收等方面建言献策。

近几年来，徐新武坚持创新，响应党和国家创新驱动发展的战略号召，多次在实际工作中运用新工艺、新工具和新思路化解难题。凭借自己多年的工作经验，徐新武主导完成了卧式镗床、数控镗铣加工中心、刨台式镗铣加工中心、大型落地镗铣加工中心、立式加工中心、卧式加工中心、龙门式加工中心等几十种高精密机床的装配。先后参与制作了镗铣床主轴箱试车观察大盖、高压碟簧压缩器、齿轮箱试车台、轴承清洗机等工装制作和改制项目40余项，提出合理化建议60余项，开展重点技术攻关50余项。多年来，不论是个人还是团队装配的机床数量，一直在公司名列前茅，且常年机床一次交检质量合格率均达到99%以上，为公司新产品不断推向市场做出了积极贡献。

从业数十载，徐新武从来没有一刻松懈过，他说："时代在变化，科技在发展，只有常新常学，才能不落伍，才能创新，才能提高生产水平。"徐新武本是技校毕业生，理论知识水平并不占优势，但通过不断的努力学习，他终于成长为一名"专家型工人"，同事都戏称："徐新武就是我们机械工人中的'状元郎'嘛！"

⊙ 徐新武在维修机床直角铣头

第六章　实力铸就尊严

让中国机床走向世界

工业母机，被称为"万机之母"。尽管不太为人所熟知，但却扮演着国家经济和工业体系中至关重要的角色。这个基础性产业的重要性不亚于高端芯片，因为它直接关系到整个工业制造能力的提升。扮演着制造业中的核心角色。这些机器可用于各种行业，包括汽车制造、工程机械、通用设备和军事工业、航空、航天等。是国家制造业中的核心装备。它们负责40%至60%的工业制造工作，其精度和效率直接影响了机械设备和零部件的性能和质量。机床是用于材料的加工，从而获得想要的形状、精度等效果的机器，从纳米芯片，到巨舸航母，每个模块，每一个部件，机床都能生产出来。这是工业制造的关键设备，定位误差不能超过3微米，相当于头发丝的二十分之一。中国作为"世界工厂""制造业大国"，机床消费量高，生产产值也高。徐新武很早就有一个"机床强国梦"，他认识到机床生产在国家工业生产中的重要地位，致力于改善老旧问题，攻克技术难关，研发创新产品，目的就是让中国机床更好地走向世界。

2007年春节即将来临时，工人们都期待着卸下一年的疲惫回家过年。而此时公司出口巴西的三台数控镗铣床却因为种种原因迟迟不能发货，牵动着公司上下的心。按用户要求，机床的各项精度需在原标准基础上再提高30%。而机床交检验收时，却出现了平旋盘溜板相对工作台的垂直度和平行度超差的问题。徐新武知道这一消息后，当仁不让地站了出来。车间组成了技术攻关小组，公司要求必须在三天时间内解决问题，否则就会耽误出货，公司将蒙受巨大的损失。时间紧，任务重，徐新武又一次被选为主力队员，顶着巨大的压力攻克技术难关。

到达岗位后，徐新武和同事们通宵达旦，废寝忘食，连续奋战三个昼夜，查找资料，请教前辈，反复试验，终于在第三天成功解决了这一难题，保证了机床如期发货。在这期间，徐新武还设计出一个新型工装，用以更准确地检测配合间隙，并总结出轴承预紧力的经验值，供车间装配工使用，彻底解决了这一装配难题，避免了之后在装配过程中类似问题再出现，为公司数控镗铣加工中心精度稳定提高奠定了基础。

徐新武说："出口的产品，代表的就不只是我们公司的形象了，更代表中国形象，可不能丢脸。"车间生产装配中，不论遇到什么样的问题，徐新武都会第一个站出来。

公司驻外省市的售后服务人员碰到一些解决不了的疑难问题，也经常给徐新武打电话。徐新武从不嫌麻烦，遇到自己会做的，他就耐心细致地给别人讲解。遇到自己不会的，他也要想方设法寻求一个答案。徐新武总说："帮助别人的时候，也提升了自己！"2007年夏天，陕西省兴平县一用户购买的机床因超负荷加工造成平旋盘大齿圈齿变形，导致机床无法正常使用，用户要

⊙ 2008 年，徐新武在汉川机床大件加工车间（三车间）安装德国原装西泰克五轴铣头

求退货。如果给用户退货，不论公司形象还是公司利益，都会受到损害。公司经营部派出维修人员多次上门维修，均未能彻底解决机床故障。公司只能派徐新武出马，为用户排除故障。匆忙收拾后，徐新武火速前往兴平救急。基于他多年的生产实践经验和过人的技术能力，仅用了不到两天时间就彻底解决了机床故障，获得了用户的好评。用户十分满意，再也不提退货的事了。这次机床故障的顺利解决，为公司挽回经济损失30多万元。

2008年，北京奥运会蓄势待发，全世界将目光齐聚于中国。举国上下、各行各业斗志昂扬，充满了干劲。徐新武所在的汉川机床有限公司大力发展大型数控机床新产品，在关键技术上却久久被国外公司"卡脖子"。刨台式铣镗的加工装配，在当时属于前沿产品。国内参与加工装配的公司非常少，几乎没有经验可循，主轴轴承也依靠从美国进口。刨台式铣镗加工中心HPBC1320E（高智能化程度的镗铣加工中心），为单立柱、横床身、侧挂主轴箱、T型动柱式结构。主轴箱传动采用齿轮两级变速方式，主轴直径130毫米，主轴最高转速3000转/分钟。从美国购买的铁姆肯高速主轴轴承，轴承预紧采用的是液压预紧的方式，车间里的人看着眼前的零件，完全不知该从何入手。拿着外商给的安装说明书，工友们看得一头糯糊，频频摇头。无奈，领导只得打电话给外商寻求帮助。对方回复可以派技术人员前来指导安装，公司需要负责往返机票及在中国的所有衣食住行费用，另需支付工资每小时3000元人民币。徐新武听到外商霸道苛刻的要求，内心很是气愤："自己不会，就得看人家脸色，不会不学，

⊙ 2010年，徐新武在汉川机床H2新工厂装调龙门主轴箱平衡油缸

永远都不会。"徐新武又一次迎难而上，主动申请出战。

说明书上写的是英语，车间里大部分工人是技校毕业，看到"洋文"就打了退堂鼓。徐新武无奈，抱着一本《英汉大辞典》开始查。每一个单词的意思都翻译对了，句子却还是不通顺，他只好打电话给英语专业的朋友求助。"把那篇英文说明书搞出来啊，才发现他们确实挖了坑，"徐新武说，"关键的液压预紧，初预紧压力具体是多少，最终预紧压力是多少，人家就没有讲嘛，只说了个大致范围。"徐新武性格里的倔强在这个时候凸显出来，别人越是为难他，他越是想要攻克难关。没有任何捷径可走的时候，徐新武采取了"笨办法"。他一遍一遍地调试液压站预紧压力来测试主轴精度，每调整一次压力，给轴承加载或减载后，用弹簧钩住主轴，拉动其旋转，观察弹簧秤拉力大小和主轴精度的数值变化量，从而判断该预紧力是否合适。一次次试，一次次犯错，千百次的重复之后，徐新武最终总结出了严谨的主轴轴承液压预紧装配数据。这一次越过国外专家自主试验成功，徐新武为公司节省了约15万元。

为了提高机床的市场竞争力，徐新武从未间断地做着自己的探索和尝试。机床的精度和性能稳定性是令行业都关心的两大重要标准，为了在这两项指标上能有突破，徐新武从未停止过研究。卧式镗铣机床工作台，采用三相异步电机减速后实现驱动和定位，整机的定位精度、重复定位精度和驱动电机抱闸刹紧配合。但定位误差较大，无法满足精密加工。为解决这个问题，徐新武和设计师沟通，在工作台下方的四个角各设计安装一个高精度定位插销孔座，并在与工作台联接的鞍座上设计了一个手动定位插销机构，旋转插销机构板把，使定位插销轴伸出，插入工作台下方四点定位孔座内，以此实现在0°、90°、180°、270°四个位置精准定位。然后液压刹紧油缸工作，夹紧工作台，确保工作台四点定位的准确性和精密性。

经过这一次试验，徐新武与工友们也摸索出了一套扭矩测量装配法，总结出了翔实的装配数据，完善了主轴润滑冷却系统。该机床主轴最高转速达3000转/分钟，可以连续运转4小时以上，温升恒定，噪音小，各项性能及技术指标达到国际先进水平。在2009年的北京国际机床博览会及上海机床博览会上一经亮相，即引起用户广泛关注，为汉川大型数控机床产品成功推向市场奠定了坚实的基础。

2010年，由徐新武完成装配试制的又一重量级新产品——大型落地式铣镗加工中心也在南京国际机床博览会上一展风采。

徐新武说："这些年，中国经济的发展成就，那是全世界有目共睹的。这些成绩从哪里来呢？一项技术从无到有，从落后到世界领先，那都是一位位科学家、技术工作人员，突破一项项难题搞出来的。中国机床跟美国、德国这些国家的机床比，还是有差距的。要想我们的东西得到世界的肯定，我们还有一段路要走，一步一步地去走，一个难题一个难题地去解决。"向技艺极限冲击，向全链条中国制造奋进，一腔执意，一往无前。

总有一天，中国机床也会像中国高铁、中国基建一样，走在世界前列，赢得世界尊重。

⊙ 2011年，徐新武在汉川机床H2新工厂调刨台镗主轴箱换挡结构

"一方有难，八方支援"

2008 年 5 月 12 日，四川汶川发生了特大地震。汉中毗邻川北，震感强烈，一些工友的家中墙壁倒塌，个别楼房和厂房出现裂痕，但所幸并无人员伤亡。徐新武看着自己家乡的断壁残垣，早已清楚了四川人民此刻处在何等的水深火热之中。电视上、广播里，大街小巷不断传播着有关四川的讯息，徐新武坐立不安，焦急万分，他想过只身前往灾区参加救援，一来公司阻拦，二来也怕余震未完自己的家人无人照管。地震发生后，全国人民自发捐款捐物，公司开展捐款活动，徐新武毫不犹豫地捐出 2000 元。但他仍然觉得不够，白天不能安心工作，夜晚没法安心睡觉，闭上眼睛，灾区的一幕幕场景就在他的眼前。徐新武说："虽然我的力量很小，但我想去支援灾区，能做点儿什么，就做点儿什么。"徐新武的想法正是每一个中国人的想法，不论身在何处，都心系四川。

地震一周后，余震基本稳定下来。5 月 19 日，当听到公司党委号召技术队前往灾区支援时，徐新武迫不及待地站了出来，主动请缨。二十名工友与他一起，组成了抢险救灾突击队，前往四川各灾区进行抗震救灾工作。作为技术人员，徐新武及团队的主要任务是帮助企业复工复产。破烂的墙壁、损坏的机器、断了的电线、被废墟掩埋的各种产品……看着灾后的一片狼藉，徐新武心痛不已。满目疮痍的工厂摆在面前，此时的徐新武竟不知道该从何下手了。"看到那个场面，脑子里面一片蒙，所有的东西都是乱的，是坏的，真的不知道该从哪儿下手。"但是很快，解放军战士、各地的志愿者都来了，开路的开路，搬废石的搬废石，挖东西的挖东西。徐新武与队员便专心地维修大小设备和损坏的机器。

徐新武与队员冒着余震的风险在四川各地往返救灾，历时22天，先后在四川德阳、绵竹、汶川、盈秀、都江堰等多地帮助企业复工复产。四川东方汽轮机厂、东方电机厂、德阳华西冶金机械公司等三十多家企业都留下了徐新武的身影。身材并不高大的他充满了干劲，争分夺秒地扑在那些残破的机器上。徐新武带领团队维修恢复大小设备将近120台，为灾区企业的复工复产提供了很大的帮助。

救灾结束后，灾区企业给徐新武及团队发来感谢信："在灾情十分严重、抗震救灾的关键时刻，水资源、食品短缺之时，汉川机床集团有限公司不但伸出援助之手捐钱、捐物，还派出专业的技术队伍帮助我们企业恢复生产，这更加激励了我们战胜地震的顽强斗志，坚定了我们夺取抗震救灾胜利的信心和勇气。"徐新武团队抗震救灾的故事，无疑是汶川地震时全国人民抢险救灾的一个缩影。一方有难，八方支援。正是全国人民万众一心，众志成城，才在短时间内帮助四川灾区进行了灾后重建。中国人民帮助灾区恢复生活生产秩序的速度，在世界范围来说都是一个奇迹。

第七章　劳模的责任与担当

劳模的领奖之路

自1991年入职汉川机床厂，徐新武用他勤恳敬业的态度、精益求精的精神和精湛熟练的技术诠释了一名技术工人的使命担当。徐新武自技校毕业以来，一路成长为企业最年轻的质量标兵、优秀员工、优秀共产党员、集团劳动模范、全国五一劳动奖章获得者等，最终被评选为全国劳动模范，赴北京参加表彰大会。全国劳动模范是党中央、国务院授予在社会主义建设事业中做出重大贡献者的荣誉称号，目的是弘扬劳模精神，弘扬劳动精神，弘扬中国工人阶级和广大劳动群众的伟大品格。消息传来，汉川机床厂和徐新武的家中一片哗然，大家欢呼雀跃，为徐新武高兴，也为汉川机床厂高兴。徐新武的工友说："徐新武的付出和成绩我们都看在眼里，必须是他，实至名归嘛。"

徐新武是汉川集团评选出来的第二名全国劳动模范，公司上下都受到巨大鼓舞。2010年4月24日下午2点，汉川机床集团有限公司为徐新武前往北京参加表彰会举办了欢送仪式。在时任公司党委书记易忠华和工会主席叶向东的主持下，在所有工友的见证下，公司党、政、工、团及全厂职工向徐新武表达了热烈祝贺和殷切希望。易忠华书记说："徐新武同志由基层单位和工会严格推荐评选，经市、省劳动竞赛委员会考察联评，全国劳模表彰大会筹委会审查，被推荐评选为全国劳动模范。他是汉川机床厂成立以来第二位当选的全国劳动模范。这不仅是对徐新武自身工作的充分肯定，更是对我们汉川机床集团不断完善和发展的充分肯定。这既是徐新武同志个人的荣誉和骄傲，更是我们汉川集团的荣誉和骄傲。让我们以此为荣，以徐新武同志为榜样，为汉川机床的发展做出新的贡献！"

欢送仪式结束后，公司工会组织了秧歌队，敲锣打鼓把徐新武送到了汉中市总工会。回忆起那一幕，徐新武忍俊不禁："全公司上下都很高兴，我一直说这个成绩不是我一个人的，是我们车间、我们工厂所有人的。"当天晚上，徐新武与汉中市其他两位劳模和一位先进工作者，参加了汉中市总工会举办的座谈会，接受了进京受表彰的流程培训。25日早晨，市委、市政府也为劳模们举办了隆重的欢送仪式。时任汉中市委书记的张会民对徐新武等四人提出了殷切的希望，希望他们不负市委、市政府和全市人民的信任重托，热情饱满参加好这次表彰大会，展示好陕西形象。会后，市政府派专车将三位劳模和一位先进工作者送到了陕西省宾馆。

26日上午，陕西省总工会举办了简单的会谈后，包专机把受表彰的75名全国劳动模范和先进工作者送到北京，劳动模范和先进工作者入住北京友谊宾馆。全国总工会同他们进行了分组交流座谈。座谈会上，徐新武聆听着别人的事迹，备受鼓舞启发。

从汉川集团出发到达北京，徐新武作为"模范"见到了更多的"模范"，听到了更多的"模范"故事，自省的同时，他感到

⊙ 2010年，徐新武参加全国劳动模范和先进工作者表彰大会

欣慰和振奋。泱泱祖国九百多万平方公里的土地上，有这么多的人在自己的岗位上努力着、坚守着。和自己一样，每一个劳模都不是一个人，他们代表的是一个车间、一个工厂、一个公司里面所有人奋勇争先、拼搏创造的精神。站在北京的街道上，徐新武遥望着天安门广场，此时的天安门广场上，五星红旗随风飘扬，人头攒动，车流汹涌……徐新武的自豪感油然而生。

"劳动，创造美好生活"

4月27日清晨，徐新武与全国各地的劳模们早早地收拾行装，佩戴齐绶带和奖章，到达人民大会堂。庄严的人民大会堂，五星红旗格外鲜艳。徐新武的心情无比激动，眼泪忍不住流了下来。"我们能体面端庄地坐在这里，首先要感谢的就是现在国泰民安的社会环境，其次是党的领导，我们的党始终把人民的生活挂在心上，所以才有工业的崛起、农业的壮大、服务业的发达……真的特别骄傲，自己是一名中国人，是一名中国共产党党员。"

上午10点钟，《义勇军进行曲》在人民大会堂准时响起，2010年全国劳动模范和先进工作者表彰大会在北京人民大会堂隆重开幕。会场内，所有人坚定地看着五星红旗，用最铿锵的声音颂唱着国歌。徐新武的脑海里浮现出自己在技校求学的场景，在车间摸索试验的画面，耳畔回响起老师、师傅的谆谆教诲，想起父亲对他说："既然选择成为一名工人，就要当最出色的技术工人。"他没有辜负老师的教诲、父亲的期盼，更对得起学校、公司、社会对自己的培养。党和国家领导人为受表彰的劳动模范和先进工作者代表颁发了荣誉证书，薄薄的证书顷刻间有了千斤重的分量，徐新武接过证书的手微微颤抖。他心里清楚，这不只是一份荣誉，更是一份使命。他告诉自己，从今以后务必要比之前更敬业、更专业。

在热烈的掌声中，时任国家主席胡锦涛发表了重要讲话。他充分肯定了以全国劳动模范和先进工作者为代表的亿万劳动群众为改革开放和社会主义现代化建设做出的巨大贡献，高度评价了先进模范人物身上集中体现出来的崇高精神和伟大品格，号召全社会向先进模范人物学习，为全面建设小康社会、坚持和发展中国特色社会主义而不懈奋斗。胡锦涛主席强调："实现全面建设小康社会，进而基本实现现代化的宏伟目标，必须依靠全体人民热爱劳动、勤奋劳动，必须依靠全社会尊重劳动、保护劳动，必须使通过诚实劳动创造美好生活成为亿万人民的共同追求。我们一定要在全社会大力弘扬劳模精神，用劳模的先进事迹感召人民群众，用劳模的优秀品质引领社会风尚，在全社会进一步形成崇尚劳模、学习劳模、争当劳模、关爱劳模的良好氛围。"

听着主席的话，徐新武陷入了深思。不论是小时候的村子，还是后来的工厂，他身边的每一个人都是那么勤劳。中华民族自古以来就是勤劳、智慧的民族，在祖国日益强大的今天，更加要发挥中华民族勤劳朴实的品质，用双手将"长城"铸造得更加坚固。

话音刚落，大会堂里便响起了雷鸣般的掌声。在座的所有人与徐新武一样，心潮澎湃、激动万分。随后，全国劳动模范和先进工作者代表、一汽大众汽车有限公司轿车一厂焊装车间工长王洪军宣读了倡议书，他倡议："全国各行各业的同志们都要牢固树立中国特色社会主义共同理想；积极推动经济社会又好又快发展；刻苦学习新知识新技术新本领；努力促进社会和谐稳定。"

"让劳动者体面劳动，通过诚实劳动创造美好生活成为亿万人民的共同追求。"一直以来，这句话都铭刻在徐新武的心上。出生在20世纪70年代的他，并没有经历过社会大的动荡和变迁，但他仍然能记得小时候勉强吃饱的三餐、缝缝补补又三年的衣服、简陋的农具、残破的房屋、生产力低下的工厂、条件差的学校、医疗水平一般的医院……而看向窗外，眼前的中国完全是另外一番天地。这一切，都要归功于劳动，归功于每一位勤劳的中华儿女。

作为一名装配一线的钳工，徐新武更清楚劳动的意义。每一次技术的进步、产品的创新、质量的赶超、经验的丰富……都离不开工人们日复一日、年复一年的劳动创造。中国机床是中国工业的一部分，是各行各业的进步共同促成了新中国的强大。而在具体的每一行业中，都有一群热爱劳动的人，他们用自己的心血汗水，支撑着中国工业向更高的台阶迈去。主席的讲话，充分肯定了以全国劳动模范和先进工作者为代表的亿万劳动群众为改革开放和社会主义现代化建设做出的巨大贡献。他的每一句话都铭刻在了徐新武心里，在此后的技工生涯里永远影响着他，激励着他，使他深感重任在肩，使命光荣，鞭策着他砥砺前行，为中国机床行业做出终身贡献！

新起点，新的使命担当

4月27日下午，表彰大会结束后，全国总工会组织获奖人员参观学习和参加行业座谈会。晚上，各省市劳动模范和先进个人乘坐火车返回家乡。徐新武坐在返回西安的火车上，心情既振奋又沉重。从前，他勤勉工作更多的是出于自己的热爱和职责所在，然而从踏上回家之路的那一刻开始，他感受到了肩膀上担子的分量。他知道，回到工厂和家乡，必定人人庆祝、欢迎，很多同事会视他为楷模，将他作为学习的榜样。他的工作将会受到全公司的关注。徐新武在心里无数次提醒自己，在以后的工作中务必要更认真踏实，更严谨刻苦，只有如此，才能对得起公司前辈们的培养，才能对得起党和国家的信任。

4月28日，徐新武一行回到西安后，参加了陕西省庆祝"五一"暨欢迎全国劳模和先进工作者载誉归来大会。时任陕西省委书记、省人大常委会主任赵乐际和其他省委常委领导及省总工会主席黄玮等出席大会并与陕西省赴京载誉归来的全国劳动模范和先进工作者合影留念。省领导在热烈欢迎的同时，也提出了殷切期盼："希望劳模珍惜荣誉、保持荣誉，继续谦虚谨慎、戒骄戒躁；继续爱岗敬业、艰苦奋斗；继续淡泊名利、甘于奉献；继续努力学习、勇于创新，用劳模的表率作用和优秀品质，使伟大的劳模精神发扬光大、影响四方，激励和带动陕西省人民为建设西部强省、构建和谐社会而努力工作。"一字一句，都说到了徐新武的心坎上。这些话语提前为他敲响了警钟，不能骄傲自大，而要收敛锋芒，继续奉献。

回到公司后，徐新武全然将领奖的事抛诸脑后了。也许在别人看来，昨天的他只不过是个埋头苦干的老实小伙徐新武，今天的他却已然是去北京领过奖的全国劳模了。但在徐新武自己看来，除了使命担当，他并未觉得有何不同。他的岗位没有变，职责没有变，心态仍需收紧，技术仍需提高。车间里，徐新武仍然是最早上班最晚下班的人；仍然是那个任谁有困难随时喊一声就会出现的人；仍然是那个兢兢业业精益求精的人；仍然是那个梦想中国机床能成为世界之最、中国工业能站在世界之巅的人……

徐新武说："从小因为家庭的缘故，勤劳吃苦几乎是我的本能，家国情怀也一直深埋在我的心底。到公司来上班，公司就是我的家，工友就是我的家人，我要努力让我的家变得更好。作为一名中国工人，祖国就是我的家，我也要为祖国的强大付出自己的全部努力。劳模的荣誉并不是给了我一个人，而是给了全中国在各个岗位上奋斗苦干的人。"

第八章　让匠心成为习惯

"换个地方接着干"

2013年，汉川机床厂因为债务和经营出现问题，公司上下几乎处于半停产状态。参加工作二十余年，徐新武终于有时间停下来，陪陪家人，买买菜，做做饭。这么多年忙碌的工作，让他忽略了很多。

徐新武在家那段时间，不断有人找上门，向徐新武抛出橄榄枝。起初，徐新武都拒绝了。一来徐新武想好好休息一下，二来这些公司都在外地，对于拖家带口的他来说确实多有不便。刚开始待在家里，徐新武还觉得有一种久违的宁静，他很享受这种闲适的生活。但没几天，他就有点闲不住了。看着电视上播放的讯息，某某机床公司又试制出了什么新产品，某某机床展览会又在哪里成功举办，徐新武再也压抑不住心里的那一团火，恨不能直接穿过电视到达现场，站在机床边上看个究竟。

山东蒂德精密机床有限公司（简称"蒂德精机"）的董事长和总经理三顾茅庐，来到徐新武家中，诚恳地邀请他到山东去工作。最初的几次，董事长和总经理着重介绍了蒂德精机的实力、过往成就、未来规划等一系列情况。他告诉徐新武，蒂德精机是一家集高档数控机床研发、生产、销售于一体的高端装备企业，是中国机床工具工业协会理事单位、山东机床通用机械工业协会理事单位……张振本以为这一长串头衔会让徐新武动容，没想到却并没有收到好的反馈。对于这家公司，徐新武并不是一无所知。"我早就知道这家公司，实力确实是不错的，头上的荣誉很多，产品也很丰富，涉猎的范围也很广。当时犹豫的主要原因，是没想好自己接下来要做什么，去哪里做，做到什么程度。"徐新武说。

最后一次拜访徐新武的时候，总经理陈总就说了一句话："徐工，让你来山东，又不是到国外去，你还是在干机床，还是在为中国机床事业服务，有什么挪不开的？"听到这句话，徐新武的脑子才猛地清醒过来，他的梦想不就是为中国机床做贡献吗？想到这里，徐新武当即就拍桌子做了决定："去山东，干机床！"2013年10月底，徐新武正式被引荐到蒂德精密机床有限公司，任首席技师和总培训师。

"不用别人的昨天，来装扮自己的明天"

到新公司走马上任以后，徐新武很快就全身心地投入到工作当中。2014年，蒂德精机和德国ROTTLER公司达成了全面战略合作，随后，在欧洲建立了机床制造基地。徐新武与外国人打交道的经验丰富，因此德国人设计的重型桥式五轴联动龙门加工中心

⊙ 徐新武首次操作德国易代尔进口五轴机床

进行试制，公司便安排他牵头主导装配。第一次在新公司挑大梁，徐新武带领四名团队成员昼夜不息，连续奋战。可是，一个前所未有的难题却摆在了他的面前。

GB8550BF5五轴联动桥式龙门加工中心机床，是一款高精密、高效能大型五轴联动加工中心，拥有最佳的综合加工效率、加工精度和表面加工质量，是当今世界上作业精度最高的数控机床之一，加工S试件的各项指标均达到国际最高标准。加工精度越高，对稳定性的要求就越高。而要保障这台机床的稳定性，六根沉重的立柱就显得尤为重要。单个立柱重20吨，一排三个立柱对接，保证对接全长12米直线度精度为0.015毫米；两排跨距平行度为0.02毫米。在徐新武的职业生涯里，从没有任何机床使用过如此高密度质量的零部件。不仅如此，就是放眼国内任何一家公司，所有的技术手段和装备，都没有能力可以精准移动这些沉重的立柱。

徐新武走投无路之际，不得不给德国专家打去电话，希望得到帮助和指导。多次沟通，德国专家的态度都略显冷淡，甚至有专家直言："我们只管设计，怎么施工那是你们的事情，你们要是安装不了，我们可以帮忙安装，但是得另外收费。"话音久久未落，在徐新武的脑海中挥散不去，他想起几年前在汉川公司遇到同样的问题，外国专家给了几乎一模一样的回答。徐新武理解外国专家的技术保留和技术封锁，但一生要强的徐新武不甘认输，他反复地诘问自己："我们都是人，都长着两只手，为什么他们有的技术我们却没有？为什么我们总要在技术问题上去受别人的白眼？"不服输的徐新武咽不下这口气，外国专家的话像刀子一样插在他的心上，刺激着他不断在技术领域攻坚克难。

随后的日子，徐新武每天都泡在车间里寻找解决办法，他查阅了大量资料，请教了很多同行，通通无果。一次加班后，徐新武走在工厂内的马路上，内心绝望极了，他一度质疑自己，陷入深深的自责当中，饭不想吃，觉睡不着，满脑子都是那几个搬不动的大块头机床立柱。一抬头，徐新武看到身边调整电线杆平衡的双头拉紧螺栓，那么小的一个装置就能拉动又沉又高的电线杆，这不就是个四两拨千斤的好招儿吗？想到这里，徐新武狂奔回了车间，受到启发的他连夜绘制了图纸，创造出一种全新、独一无二的拉动调整装置。

图纸出来后，徐新武与队员进行了上百次的试验，反复调整装备的材料和精度，对每一项数据都进行了多次的核算。最后，将该装置应用于实际，与预期效果完全一致，让六根沉重立柱完美安装定位。徐新武解决了这道难题，知道消息后的外国专家也倍感震惊，向中国工匠和中国机床竖起大拇指。

通过这一事件，徐新武有了很深的感悟："今天我解决了这个问题，一个厂子里的人肯定会说是徐新武解决的；而其他的公司肯定会说是蒂德精机攻克的；然而传到外国人耳朵里呢？我们就不再是具体的个人了，他们只会说，中国人也拥有了这一项技术。"2018年5月28日，习近平总书记在中国工程院十四次院士大会上强调："关键核心技术是要不来、买不来、讨不来的。只有把关键核心技术掌握在自己手中，才能从根本上保障国家经济安全。""自力更生是中华民族自立于世界民族之林的奋斗基点，自主创新是我们攀登世界科技高峰的必由之路。"连续两次求助外国专家无果，徐新武有了切身的体会，习近平总书记的话深深地印刻在了他的心中，他又一次提醒自己肩膀上还有自己的使命和责任。

攻克这一项技术难题后，徐新武与团队成员历时半年，克服种种困难，最终圆满完成了箱中箱五轴联动桥式龙门加工中心机床的试制。该机床一出厂，就受到国内外同行的广泛关注。2018年4月，该机床参加中国国际机床展，获得中国数控行业最高奖"春燕奖"。2019年荣获"山东省机械工业科学技术一等奖"。2021年荣获"山东省装备制造业科技进步奖一等奖""济宁市职工创新创效竞赛市级决赛创新成果一等奖"。硕果累累的奖杯印证的，是徐新武及团队成员为国内军工、航天、船舶、汽轮机发电等行业做出的贡献。过去多年，国内大型五轴数控依赖进口，受发达国家管控，而这一台机床的成功试制，打破了发达国家对中国的技术封锁，为国家重要行业提供了"加工神器"。

徐新武用自己最执着的行动诠释着一个蓝领工匠内心的崇高理想——技能报国，让中国制造赢得世界尊重！2019年，徐新武带领团队组装VB63F5五轴联动加工中心的技工故事入选教育部关工委开展的"我为祖国点赞"为主题的读书活动，从此徐新武的工匠精神感染着一代又一代的莘莘学子。

第九章　"机床人只有拼出来的精彩"

"抠门"的徐新武

在生活中，徐新武并不是一个擅长"算账"的人，可是一提到工作，一说到公司，平时"不计得失"的徐新武一下就变得斤斤计较起来。徐新武的执拗性子工友们早有耳闻，他的徒弟就常常抱怨："自己会干的，他绝不花钱找人干；自己不会干的，他想方设法也要学会干，能不求人，绝不低头。"

2014年至2017年，徐新武围绕公司生产做技术服务，帮助现场处理疑难杂症和各种棘手问题。在这三年里，哪里有问题，徐新武就去哪里。在车间里，他观察工友们常常遇到的问题、生产过程中常见的技术难题。到客户中去，他深入了解机床使用者的需求，听取使用者讲述平时遇到的问题，仔细记下使用者的反馈和建议。徐新武发现，公司的一些零件几乎全部依赖从其他公司采购或者从国外进口，不仅增加了机床成本，而且受制于人。为此，徐新武利用空闲时间坚持学习和试验，同时完成了公司刨台式数控镗铣机床试制和小批量生产，以及核心部件BT40主轴和数控自动万能铣头的试制，为公司核心部件不受制于人、节省生产成本，积累了详细的数据。

公司的机床出厂后，常常因为一些小问题被客户刁难、杀价，降低了公司利润。徐新武将这些小问题一一做了记录，一项一项地去解决，争取把每一台机床都做到完美。他前后处理了硬轨机床坐标轴爬行、抖动、反向间隙大、定位精度不稳定、主轴噪音大等诸多问题，使公司产品在质量上得到了升级，利润得到了提高，业内口碑也大大改进。2017年，徐新武和团队新开发试制的新型环保材料矿铸件生产的立式加工中心VMC60B（立式加工中心指主轴轴线与工作台垂直设置的加工中心，主要适用于加工板类、盘类、模具及小型壳体类复杂零件）成功出厂。2019年，该机床被中国机床工具工业协会评为2018年度"产品质量十佳"最高奖项。

2017年4月，公司转型升级改造加工车间，镗铣、磨床车间需把日本仓敷数控镗铣机床挪个位置，由于机床重量、体积庞大，挪动不是一件简单的事情，需要先拆解再挪动，最后恢复安装。公司设备部与日本仓敷售后联系，对方报价拆解挪机床需要10万元，恢复精度和安装需要25万元。听到对方的报价，公司领导也望而却步了。消息传到徐新武耳朵里，他气愤地找到了领导："机床都是我们做的，拆解还难倒人了？再难，我也能把它拆了，不用花钱雇别人。"接下这个苦差事后，徐新武带领徒弟加班摸索。原来，拆卸与安装，确实不是一回事，徐新武也在很多关口被难倒。经过不断尝试、修改，徐新武与团队最终顺利完成了机床的拆解、搬迁及后续安装、精度调试等工作。

2018年5月，公司分别销往土耳其和无锡的两台五轴机床VB63F5发生故障，由于摇篮转台编码器反复报警，机床无法正常工作。使用体验极差，用户意见很大。公司派出几拨售后人员都没有找到问题根源所在，技术人员焦头烂额，公司领导也面临着巨大的压力。由于问题一直得不到解决，两边的用户都要求退货。如果退货，公司将损失近600万元，处理不好的话，业内口碑也会急剧下降。紧急关头，公司派出徐新武前往客户所在地。徐新武到现场后反复观察，分析报警原因，最终，他发现是由于转台自身后盖密封不好，造成冷却液渗进去，污染圆光栅编码器后机床报警。查到问题所在后，徐新武给转台增加了防护装置，以此来避免冷却液的渗入，报警现象彻底消除。徐新武此行，再一次为公司挽回了经济损失和业内口碑。

2018年，公司全面实施转型升级，计划对关键的进口设备进行维修改造。由于厂内熟悉进口设备的人并不多，且维修难度较大，公司领导计划将全部设备送至德国维修。按照各方报价估算，维修这一部分设备大约需要500万元。公司财务与经理谈话的时候，刚好被路过的徐新武听到了。"这么多钱，不如我们自己修了。"徐新武自告奋勇，经理虽然心动，但也有些担心地问道："徐工，你修过没？"徐新武说："我没修过，我可以学嘛，花那冤枉钱干啥。"

就这样，徐新武主动承担了全部设备的维修任务。他充分发挥自己在装配一线三十年经验的作用，将1969年瑞士产的DIXI75光学坐标镗床和日本仓敷镗铣床进行了大修改造，使机床顺利恢复至原样。徐新武改造过后的机床很快投入了生产使用，有力地保证了公司关键零部件的加工。

有了这一次的维修经验，徐新武先后对公司进口设备进行了全面排查和维修，如日本的仓敷镗铣床，更换损坏的Y轴轴承，调整三轴垂直度和直线度；德国的瓦德里希龙门铣数控化改造，把原来老式、笨重的高耗能机械传动和驱动，改造为三轴数控化和带全自动直角铣头加工的功能。经过改造，这些机器的能耗得到了降低，生产效率和加工精度都有了显著的提高，成为公司机械加工车间里加工大件的神器。

有了几次和外国工程师合作的经历，徐新武虽然挫败但并没失去信心。他说："关键的技术自己没有，重要的事情自己不会做，那就只能求人家帮忙。看人脸色也不说了，还得花费大量的金钱，这些钱我们本来可以不用花的嘛！"总经理看着徐新武的装配战绩、维修战绩，开玩笑地说道："徐工，你简直就是我的守财神啊！"2019年，徐新武被评选为齐鲁大工匠，这是对他离开汉中、扎根山东后的工作所做出的最大肯定。

为机床附件行业开辟新赛道

这些年来，在中国共产党的领导下，中国经济腾飞，工业制造业也有了前所未有的进步，人们的衣食住行更是发生了翻天覆地的变化。随着全球政治经济格局加速重构与演变，中国制造面临着更大的挑战。

徐新武贯彻落实"创新驱动发展战略",全身心投入到科技兴国的全民浪潮中去。他不仅时刻关注国内外机床行业的各种动向,而且深入各个车间、各个工段,以小见大地找寻中国机床装配生产过程中存在的问题。

徐新武观察到,国内机床行业的生产普遍存在"重主机而轻部件"的问题。这个问题如果不受到重视并得到妥善解决,中国机床产业就难以进步。一是由于这些关键功能部件的性能和精密度将直接关系到机床的品质优劣,在一定程度上决定企业未来的兴衰。二是一味依赖对外进口,就要"看人脸色吃饭",就要"受人摆布"。党的十八大明确提出:"科技创新是提高社会生产力和综合国力的战略支撑,必须摆在国家发展全局的核心位置。"习近平总书记强调:"要时不我待推进科技自立自强,只争朝夕突破'卡脖子'问题,努力把关键核心技术和装备制造业掌握在我们自己手里。"徐新武看着大量投资涌向机床主机制造,而诸如数控回转工作台、数控刀架、精密滚珠丝杠副、精密直线导轨副等功能部件技术水平与国外机床制造大国差距较大,已成为制约机床行业发展的瓶颈,徐新武担忧地告诉同行:"一旦人家卡我们脖子,后果不堪设想啊!"

随着中国机床越造越强,机床附件行业也迅速发展起来。要造好的机床首先就需要好的零部件,因此,机床附件行业上下游都出现了明显的升级趋势。中国机床对机床附件提出了更高要求,而机床附件行业产品在一定程度上决定装备制造业水平,二者互相钳制,一荣俱荣。随着中高端机床的普及,机床附件下游企业对机床产品的精密度、工作效率、使用寿命等要求正在不断提高。随之而来的是，机床整机制造对配件、附件的性能要求也在提升。目前，我国附件扎堆于中低端产品，企业以价格为主要的竞争手段，抗风险能力不强，产业集中度也较低。由于附件制造门槛低，业内企业林立，但真正创新创优、精心研发的公司却很少。从机床附件行业大趋势来讲，照这样的状况走下去，机床装配所需的附件只能越来越多地依赖进口。

作为关键功能部件实验室主任，徐新武义不容辞地站了出来，计划为机床附件企业开辟创新发展的新赛道，为中国机床部件的生产贡献自己的力量。徐新武以身作则，在业务上分工明确，团结协作，精益求精，在困难面前攻坚克难，永不言败。他在工作中要求大家严谨、实干、负责、果断、充满自信；生活中要求大家相互信赖。徐新武一直告诉团队成员："好的团队是进行高水平生产的基础，好的技术工人不应该只有好的技术。""强技术，补短板，提高国产化替代率"成了徐新武团队的口号和追求。面对庞大的机床部件行业，徐新武首先将目光集中在了数控机床核心部件及重点技术的研究突破上。

数控系统又是机床中技术含量极高的核心部件，数控化水平越高，代表着企业的制造实力就越强。2022年3月，徐新武团队和华中数控达成了共识，双方决定以技术投入的形式进行合作，取长补短，共同进步。随后，建立了华数蒂德智能研究中心，由徐新武团队负责组建实验室并提供各种型号的机床实物和相关技术支持，华中数控提供数控系统，在这些设备上进行各种测试和大

⊙ 2019年，徐新武参加齐鲁大工匠颁奖典礼留念

量应用，以此发现问题、解决问题、提升优化。这项合作旨在强化数控系统与机床本体的融合，使数控机床的精度稳定性提高、故障率降低。合作也收到了很好的效益，通过合作，双方的产品都在技术层面上有了显著的提高。华数蒂德智能研究中心的一系列产品经过多次生产验证后，完全可以替代部分进口设备，为国内机床装配提供了更实惠更多样的零部件选择。

在机床研发制造的路上走得越远，徐新武就越认识到，中国科技发展水平，特别是关键核心技术的创新能力与国际先进水平相比，依然存在着很大的差距，同新阶段高质量发展的要求也不相适应。先进的数控系统技术研发难度巨大，需要大量的持续的投入。除此之外，要想打破国外封锁的"技术与市场生态圈"，并实现国产化，中国机床还有很长的路要走。徐新武说："在中国工业和中国制造越来越强的背景之下，中国机床也在飞快进步。只要我们每一位机床人都肯学肯干，中国机床一定能走向世界，中国制造一定能赢得世界尊重！"

徐新武团队最具代表性的五项成就

自2019年工作室成立以来，徐新武利用工作室先后开展重点技术攻关50余项，实施改制项目40余项，申报专利27项，获得国家专利授权20项，编制作业指导书和工艺规程10余套，编写培训教材课件100余套，收集课件素材近千份。徐新武为中国机床、中国机床附件贡献了自己的一份力量，也向自己、向家人、向公司、向党和政府、向国家交上了一份令人满意的答卷。自上岗以来，徐新武兢兢业业，勤勤恳恳，硕果累累。

1. 独创桥式五轴机床立柱精准位移技术

GB8550BF5桥式五轴联动龙门机床，是徐新武团队和德国ROTTLER公司共同开发的一款新产品，是当今世界上大型龙门加工中心作业精度最高的数控机床之一。机床的加工精度越高，对稳定性的要求就越高，如何保障这台机床运行的稳定性成了摆在徐新武面前的一道难题。为此，徐新武研发了一套独一无二的拉动调整装置。

徐新武创新的微米级移动工艺解决了数控机床安装、调试的难题，开创了大型立柱直线度与平行度微米级调整的国内先河。该成果取得实用新型专利3项，获得中国数控行业"春燕奖""山东省机械工业科学技术一等奖""山东省装备制造业科技进步一等奖"。

2. 改装机床随动式丝杆支撑机构

在机床装配中，通常两丝杆跨距超过4米，都需在丝杆中间增加辅助支撑机构，防止因自重而下垂，造成丝杆精度丧失，支撑轴承损坏。传统的机床丝杆支撑结构弊端颇多，事故频发，给车间生产造成了很多的不便。常发生感应开关失灵或油缸泄漏的问题，不仅会造成撞击事故，使丝杆和支撑机构损坏，还存在很大的安全隐患。而传统的丝杆支撑结构维修起来比较麻烦，常常要一个工段的人停工不前。修补时也一直存在无法攻克的技术难题，更换费财费力，使得机床生产成本增加。

徐新武看着同事们常常被同样的问题困扰，他心有不甘，想从根本上解决这一难题。通过翻阅资料，徐新武用逆向思维想到了一个巧妙的办法，即通过改变丝杆支撑结构，由液压缸感应升降支撑，变为机床随动式丝杆支撑；由液压单点支撑，变为多点随动支撑，使左右支撑点始终和中间螺母座形成互动推移关系，确保龙门机床运行轴定位精度的稳定性。通过改造，徐新武利用新的支撑方式使该系列产品定位精度0.004毫米，达到国内领先水平。同时，这种支撑方式也避免了老式油缸易发故障、成本高昂、安装麻烦等缺点。该种支撑结构一经徐新武改造成功，就获评"蒂德精机技术革新成果"，使用后为公司节约成本累计100余万元。

3. 设计碟簧压缩装置

在大型数控机床主轴拉刀力调试和松刀油缸拆卸安装过程中，常会遇到主轴碟簧压缩和松刀油缸调整的技术难题。由于这类机床主轴采用内拉刀机构，多数需要N片蝶形弹簧组合来实现松紧刀。不同机床使用的蝶形弹簧数量有所不同，有的多达120多片，必须两两成对、一正一反组合才能实现预压碟簧。传统的预压方法就是利用扳手旋转螺母压紧碟簧，反复压缩至设计所需尺寸，使碟簧得到蓄能，产生1.8吨的拉力。确定拉刀力后，才可以配松刀油缸调整垫的尺寸。这样纯人工的预压方式操作起来不仅困难，而且有很大的安全隐患，若操作的工人稍不留神，扳手打滑，就有可能伤了手，很多工人对此项工作望而却步。

为了从根本上解决这个问题，使预压得到更高精度并保护工人安全，徐新武设计了一种碟簧压缩装置。可在部件组装前就完成拉刀机构的碟簧预压，通过装置前端盖螺钉压缩，对称锁紧挤压碟簧至所需技术尺寸，达到1.8吨拉刀力。徐新武设计的压缩装置可以确保足够的拉刀力，避免安装后的各项安全隐患，省去了工人反复拆卸修补的麻烦，提高了主轴松夹刀的质量。

徐新武设计的碟簧压缩装置不仅保护了工人的安全，而且大大提高了生产效率。利用此项装置进行生产，平均每台机床可缩短制造周期5天，节约人工成本1500元，累计节约制造成本75万元。

4. 创新数控机床立柱结合面灌胶工艺

在机床加工装配过程中，大型零件机床的装配是一项比较麻烦的"大工程"。如立柱与床身结合面，龙门机床横梁与立柱对接面这些机床上的基础结构大件，几乎不可能一次加工到机器组装后所需的综合精度。通常是在组装后测量误差，分析加工方向，计算加工量，然后把组装件拆解成单件，送去加工。而后再组装再测量，直至合格。如镗铣床立柱与床身结合，就是通过框式水平仪测量后，确定加工方向和误差量，然后对立柱进行铣结合端面或者进行人工修刮端面，俗称人工刮研修精度。但不管哪种方法都需要反复拆、装、吊运、测量，不仅费时费力，存在很大的安全隐患，而且精度一致性、稳定性和整体刚性都很难得到保证。

为了改变这一现状，徐新武一直在努力地找寻解决办法。偶然间与外国专家交流的时候，徐新武听说当下国外解决这种问题，采取的都是结合面灌胶工艺。但具体的操作方法，以及用到的胶体原料、怎么预留灌胶腔和注胶孔，外国专家却只字不提。徐新武的急性子一下便按捺不住了，回到家中就开始翻阅资料，找寻方法，不参透这门工艺他誓不罢休。

徐新武说："紧跟世界最前沿的先进做法，在借鉴中不断超越，创新开发具有中国特色的中国制造新工艺一直是我的梦想。"为了实现这一梦想，徐新武大量地翻阅国内外资料，将原来反复拆装、测量费时费力的工艺流程进行创新改进。在立柱的结合面增加调整精度螺钉，通过四条细牙螺钉的顶起和锁紧螺钉的下压，立柱或横梁精度达到微米级，同时在外围增加一个直径为8毫米的进出口注胶工艺（孔）及均布的型腔，精度调整好后注入胶体，使二者混为一体。用这样的方式彻底解决了精度不稳定和整体刚性差等技术难题。

徐新武新创的数控机床立柱结合面灌胶工艺不仅操作简单，生产效率高，而且质量有保障。一次操作，立柱精度就可调整到微米级，且灌胶后，立柱与底座连接融为一体，机床整体刚性极强，精度和稳定性及一致性极高。徐新武突破结合面灌胶工艺的事迹传至业界，国内外同行都向徐新武竖起了大拇指。这项工艺被公司广泛推广应用于其他产品，为公司提升生产效益近500万元。

5. 开创龙门机床横梁微变形技术

2015年，徐新武在装配现场检查时发现了龙门机床横梁频繁往返加工车间的故障。车间里的装配工人也没有头绪，只说在装配的时候，组装完导轨，测量导轨直线度是合格的，但把横梁与机床立柱连接，安装主轴箱后，再测量导轨大面和侧面直线度就出现了超差现象。一线工人不知道如何解决，也搞不清楚里面的来龙去脉，只能送出去进行修补，耽误正常的装配进度。

徐新武发现问题后，挨个走访了该工段的工人，询问他们对于这一问题的看法。有人说是因为横梁跨距大，挂箱后自然弯曲。传统的修补方法就是拆卸横梁进行二次加工，或进行人工修刮打磨等。这些方法都依靠个人经验，并没有成熟的测量技术，修补效果并不理想，即便修好了，用不了多长时间也会再次出现故障。大家默认这个问题无法从根源上得到解决，只能不厌其烦一次次送去维修。

这个问题吸引了徐新武的注意力，为了找出超差原因，徐新武对材料性质、结构和外部温度等多项因素进行了分析和综合考量。经过反复试验，徐新武最终找出了导轨直线度出现超差的原因：是重力造成了侧挂主轴箱翻转，使其承载面产生微量变形，造成横梁导轨大面和侧面承靠结合面产生微量变形。为了解决这个问题，徐新武利用逆向思维，创新了龙门机床反变形的物理方案，即利用机床插补加工功能，人为使横梁的上导轨大面中凸0.03毫米，侧面中凸0.02毫米，下导轨大面中凸0.02毫米，侧面中凸0.03毫米，挂箱后，重力和扭转相互抵消，从而使横梁保持稳定精度。后期通过各种试切和精度检测，使精度始终保持一致，达到设计技术要求。

徐新武开创的龙门机床横梁微变形技术彻底解决了保持横梁

精度和稳定性的问题，减少了机床横梁的维修次数。该工艺沿用至今，依然能在保持产品质量的情况下提高生产效率，为公司节省费用约300万元。

　　从事机床装配三十三年，徐新武的努力和成绩所有人都看在眼里，蒂德精密机床有限公司总经理陈总说："徐工这个人啊，他对机械的兴趣特别浓，只要车间有活干，不吃饭不睡觉他也能受着。徐工还是一个非常努力的人，精力也很充沛，一直在思考、创新、总结方法，研究新的技术。他的思维活跃度也特别高，总是能想到一些别人想不到的点子。"

第十章　劳模的两个心愿

徐新武的奋斗箴言

2022年，首部《中国劳模工匠箴言》正式出版发行。该书由光明日报社出版，由中宣部、中央党校、发改委、文旅部、中国社科院、北京大学、清华大学等权威专家组成编撰顾问委员会共同编辑。该书选取了365名全国劳模和大国工匠精华语句，徐新武的奋斗箴言被收录在内。

·既然选择了当工人，就要当最出色的工人。

俗话说三百六十行，行行出状元，自己选择的职业是技术工人，那么要干就干最好，要争就争第一，干出名堂来，方不负自己热爱的事业。

·机床人只有拼出来的精彩，没有等出来的辉煌，努力是态度，实力才是你的尊严，像螺丝钉一样拧上劲，就不能松动，要扛得住劲，顶得住事。

机床人的劳动往往伴随着数不清的挫折，过程中需要不断创新和赶超，其中也包含着机床人的心血。但要想活得精彩，走在行列之前，就得练就过硬的技术和服务大局的观念，关键时候不能掉链子。就像中国军人一样，不惧列强，拉出去就能打仗，能打胜仗。

·让中国机床赢得世界尊重，这是我们机床人的终极目标。

在高档数控机床领域，我们和欧美日还有一定差距。但我们不气馁，我们有目标，在不断缩小差距，通过一代人或几代人的努力，让中国机床走在世界前列，这就是我们机床人追求的终极目标。

·同样是人，外国工匠能做到的，我们中国工匠也一定能做到。

不崇洋、不媚外。我认为工匠精神，不仅是一种理念，更是一种能力。只要我们认真下功夫，用钉钉子的精神去钻研，就没有做不成的事

·干一行，爱一行，专一行，精一行，保持对工作的热情和热爱，工作就成了爱好，匠心就成了习惯。

干一行，爱一行，只要把工作当事业来做，当爱好来做，就没有做不成的事。日久天长，骨子里自然就形成爱岗敬业的品质。会严格要求自己认真做好每一件事，不断钻研，不断提高自己的技能修为，追求极致，精益求精，最终达到炉火纯青的地步，匠心就会融入血液，固化为行为习惯。

一字一句，都践行在徐新武的一言一行之间。成为工人是徐新武从小便确定的理想，从走上岗位的那一刻起，他便兢兢业业、勤勤恳恳，立志为中国机床的发展贡献自己的力量。他将中国机床作为自己终生的事业去做，开拓创新、努力进取；提升技艺、持之以恒，成绩虽然耀眼，但背后的付出也是实打实的。

⊙ 2022年3月，徐新武收到《中国劳模工匠箴言》一书留念

两个心愿

从事机床装配数十载，一直以来，徐新武都是一个淡泊名利的人，他不慕高位，不羡权贵。但在他心里，却一直有两个心愿。这两个心愿还没有完全实现，他正在努力去一步一步实现；这两个心愿仅凭他一个人无法实现，要靠一代一代的机床人薪火相传，前赴后继。这两个心愿也一定不只是徐新武一个人的心愿，而是一个行业内所有的人共同期盼的——那便是为中国机床产业培养接班人并把中国机床产业做大做强。

早在2010年8月，汉川公司总投资18.7亿元建设的大型数控机床制造基地一期工程建成投产。新工厂起点高，规模大，现代化程度高，生产的产品代表着国内一流、国际先进水平，对人员素质的要求也更高。这对于徐新武来说，是一个全新的赛道，作为新基地的负责人之一，不仅要将自己的工作干好，更要从零开始带起一支团队，这成了徐新武日思夜想的难题。数控化率高，代表着行业发展的先进水平。且一些部件需要从国外进口，需要负责装配生产的工人有较强的综合能力，分配给徐新武的组员，大多是缺乏一线大型数控机床装配经验的员工，甚至有一些是刚进厂的新人。徐新武临危受命，接下了这个艰巨的任务。

　　到达新车间工作后，徐新武言传身教，用高深精湛、精益求精的技术征服着他人；用顽强拼搏、持之以恒的精神感染着他人。徐新武依靠自己扎实的理论知识、多年装配一线的生产经验，在自己摸索的同时，帮带着新入车间的同事。只要有人请教，不论是多么细小的问题，徐新武都会耐心地讲解，必须将一个点讲透了，确保对方理解了，能上手去做了，徐新武才会收拾背包准备回家。除此之外，徐新武还手把手面对面地向新入厂的后辈们传授自己的装配经验，常常熬到很晚。那段日子虽然繁忙，但皇天不负苦心人，大型数控车间在徐新武的带领下，龙门、卧加产品逐步形成规模化生产，最高时月产数控龙门机床25台，卧式加工中心8台。刨台式镗铣床、落地镗也由两至三个月出产1台增加到月产5台。

　　看着车间里的同事们一个个成长起来，就连刚入厂的新员工也能在大型数控机床上游刃有余，徐新武心里有说不出来的欣慰："那种感觉，就像你又装配了一台之前装配不出来的机床，像你解决了一个困扰很久的难题，总之，很满足。"每每回忆起来，徐新武的成长历程也离不开厂里多位老师傅们的帮助和教诲。徐新武说："传帮带的精神是中国工人不能忘的，当年正是因为有了我的两位师傅和车间的众多前辈，我才有今天的成绩，所以这种精神必须在我身上得到传承。"

　　2015年至2017年期间，徐新武在蒂德精密机床有限公司做技能培训近一百场。由于公司规模不断扩大，新进工厂的工人年轻且欠缺经验，徐新武不辞辛劳，甘愿牺牲自己的休息时间，为年

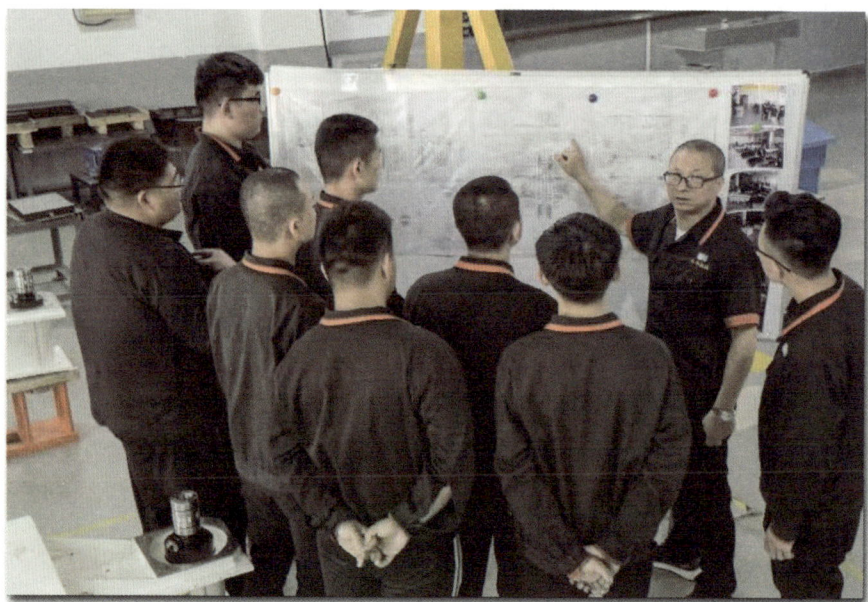

⊙ 徐新武给学生讲解装配图纸

轻工人传授经验。每一次培训的时候，他从车间离开后便到达课堂，还要提前准备讲解内容，很是辛苦。好在功夫不负有心人，在徐新武的指导之下，年轻工人技术水平得到迅速提高，解决了很多新产品试制中的装配难题，大大提高了公司产品的质量、性能和装配效率，为公司的大幅提产增效做出了突出贡献。

徐新武不仅在公司内部传帮接代、培养新人，更是无私地走出工厂，走进校园，为更大范围地培养机床人才发光发热。2017年，蒂德精密机床公司为了广泛地吸纳专业技能型人才，和济宁工业技师学院、济宁理工学院、济宁职业技术学院深度开办"校企合作、产教融合"定向班。企业直接参与院校办学决策、课程设计，企业专家直接参与教学。徐新武义不容辞地承担了"企业新型学徒制"的培养任务。

徐新武常言："一花独放不是春，百花齐放春满园。"被济宁大学特聘为专家教授后，徐新武又一次走进了校园。脑海中，曾经求学的场景历历在目，多位恩师的教诲回响耳畔，他更觉身上的责任之重大。徐新武说："老师在我的心目中一直是神圣的，我今天承接了这个新的角色，要做，就要把它做好，要教，就要把学生教好。但其实这个角色比以往的任何角色都重要，这项技术比曾经的任何技术都难突破。"

入驻校园后，徐新武毫无保留，把理论知识与车间实践相结合，倾囊传授给学生，整日忙碌在讲台上、车间里。徐新武先后为公司带出六个定向班，培养了一批适应企业新设备、新工艺、新技术的装配技能人才，累计培养了近100名预备技师。其中，

2017、2018、2019、2020、2021、2022级六个校企合作班的毕业生已入职公司，部分已成为公司装配骨干并发挥了重要作用，解决了企业"用工荒"难题，促进了校企合作技能人才培育链的无缝对接。这种"企业新型学徒制"的教学方法，也被济宁技工教育集团认定为创新教学方法，得到上级领导的充分肯定，并计划在全国推广开来。

2019年，徐新武先后创建了劳模工作室、徐新武技能大师工作室、齐鲁大工匠创新工作室。他充分利用这些平台，积极开展了"名师带徒"活动，将自己积累多年的宝贵经验和技术绝活毫无保留地传给技工队伍。除此之外，徐新武带领团队成员根据自己的所学所练，依托多年装配一线的生产经验，尽己所能地帮助企业解决了一些"卡脖子"的技术难题。

2022年8月，公司对进口老式瓦德里希龙门铣床进行大修改造。负责此项工作的同事在拆解过程中遇到了无法解决的问题。改造需将主轴箱和横梁拆解下来进行补充加工，横梁的刹紧装置采用的还是老式刹紧机构，结构复杂，安装紧凑。负责拆解的工人刘胜利对照着老旧的德国图纸，想不通原理，也不知该从何下手。他只好向车间的研发技术人员寻求帮助，没想到技术员也摸不着头脑。就在众人一筹莫展之时，刘胜利想到了徐新武。刘胜利说："徐工这个人啊，不仅是个技术牛人，而且没架子，不论是谁，哪个车间遇到困难，能帮的他都会帮。"

徐新武赶到现场后，拿起德国图纸便研究了起来。"不一会儿工夫，徐工就找出门道了，把我们哥几个叫到装配图纸面前，进行了分析和讲解。"徐新武首先将部件的结构分解出来，这套老式刹紧机构，内部包含有液压传动、蜗轮蜗杆传动，有螺母、螺杆配合移动刹紧以及双排滚珠自调心轴承……然后，徐新武分析了部件之间相互的工作原理；最后，徐新武详细地告诉了工友具体该怎么办。"第一步拆刹紧轴前端大螺母；第二步拆油缸与后刹紧螺母连接销；第三步用吊带固定刹紧螺母，防止拆卸后拿不住，掉下来砸着人；第四步带着固定带旋转刹紧螺母，并配合前端用拔销器撞击刹紧轴，每旋转半圈，前端用拔销器抽撞几次，反反复复多次，刹紧螺母与刹紧轴分离，然后缓慢用吊带把近五十斤的刹紧螺母放下来。"听着徐新武的讲解，刘胜利和同事立马着手实践起来，很快便完成了对横梁刹紧装置的拆解。问题解决后，徐新武还不忘提醒他们，将现场拍照记录并给零件编码标记，以防类似情况再次发生。

刘胜利说："就像这样帮助同事，解决别人解决不了的问题，徐工做了太多太多。细究起来，我们生产现场一半多人的技术都受教于徐工，他从不隐瞒，永远都倾囊相授，我们都应该算是他的徒弟。"

"传帮带徒"多年，徐新武早已桃李满天下。先后带徒约50人，所带徒弟均已成为公司的生产骨干，其中15人被考评为高级技师，22人被考评为装配技师。在徐新武的严格要求下，他带出的徒弟身上都有他的影子——"高超的技艺和拼命的精神"。团队成员丁超就是在徐新武创建的工作室中一步步成长起来的，他身上勤学苦练、善思好学的劲儿与徐新武有着几分相像。通过努

⊙ 在济宁工业技师学院授课

力，丁超现已成为蒂德精机研发中心电气工程师，为公司开发了数十款新产品。他还曾在山东省第五届职工技能大赛数控机床装调维修项目中获得个人第五名的好成绩，并先后获得济宁市技术能手和济宁市五一劳动奖章。

徐新武的徒弟李庆龙说："不管问到什么，师傅都会毫无保留地一心一意地回答我们，对我们严格但从不冷漠。"徒弟李昭说："师傅干什么都特别专一，特别细心，做什么都要做到最好。他也教会了我很多很多，他是我的偶像。"徐新武用自己的实际行动印证了"三百六十行，行行出状元"的道理，践行着一名普通蓝领的匠心追求。

徐新武说："作为机床制造行业三十多年的一名老机床人，我见证了中国数控机床的快速发展史。从当初可控两至三轴迈向了现在可控轴数达五轴以上的联动，中国机床全面实现高速化、高精度化、多功能化、加工功能复合化等。几十年来，机床在不断升级改变，在不断向智能化、人性化、复合一体加工化、绿色环保化等方向发展。在这个过程中，变的是时代和产品，不变的是中国机床人追梦的心。我想说不光是中国数控机床的设计水平要走在世界前列，我们中国装配钳工更要为机床发展保驾护航，我们的组装水平也要争创世界一流。"

作为一名蓝领工人，徐新武的身上有着耀眼的成绩，创造产品模块化装配法、数据化装配法、"群狼战"装配法等5种先进机床装配法；指导完成立加、龙门、五轴机床等60款新产品试制，创造生产效益价值上亿元；开展重点技术攻关52项，制作工装45

项，编制作业指导书和工艺规程10套，完成瑞士光学坐标镗床和日本仓敷镗铣床等进口设备技术改造；参与19项政府科技项目工艺设计，获得国家授权专利20项。在这背后，是徐新武超乎常人的付出。

"保持一颗赤诚之心，冰冷的机器也能变得有温度。"执业数十载，徐新武不忘初心，用自己谦逊朴实、诚恳真挚的品格帮助着更多的人，影响着更多的人。

习近平总书记在党的十九大报告中指出：加快建制造强国，加快发展先进制造业。促进我国产业迈向全球制造业中高端。"我们每一位制造蓝领，都应该把这句话作为毕生努力的方向，通过一代一代的不懈努力，去践行这些话，实现制造强国的目标。"徐新武说道。使命在肩，砥砺前行，徐新武和他的团队拼搏在路上，让更多的人愿意当蓝领，为了梦想，为了我们共同的明天，立志做工匠，让"工匠精神"成为年轻人的时代追求。

⊙ 2020年，徐新武在蒂德精机部装现场帮青年工人解决问题